풍자 바깥의 즐거움 — 텔레비전 코미디

풍자 바깥의 즐거움 ─ 텔레비전 코미디

손병우 지음

풍자 바깥의 즐거움 —— 텔레비전 코미디

지은이 / 손병우
펴낸이 / 한기철
편집장 / 이리라 · 편집 및 제작 / 이소영, 신소영, 이여진, 전미현

2002년 12월 10일 1판 1쇄 박음
2002년 12월 20일 1판 1쇄 펴냄

펴낸 곳 / 도서출판 한나래
등록 / 1991. 2. 25. 제22 - 80호
주소 / 서울시 송파구 신천동 11- 9, 한신오피스텔 1419호
전화 / 02) 419 - 5637 · 팩스 / 02) 419 - 4338 · e-mail / editor1@hannarae.net
www.hannarae.net

필름 출력 / DTP HOUSE · 인쇄 / 상지사 · 제책 / 성용제책
공급처 / 한국출판협동조합 [전화: 02) 716 - 5616, 팩스: 02) 716 - 2995]

ⓒ 손병우, 2002
Published by Hannarae Publishing Co.
Printed in Seoul.

풍자 바깥의 즐거움 — 텔레비전 코미디 / 손병우 지음.
— 서울: 한나래, 2002.
224p.: 23cm(한나래 언론 문화 총서, 41)

KDC: 687
DDC: 791.43617
ISBN: 89-5566-012-X 94330

1. Comedy Programs — Korea. 2. Television comedies —
Korea. 3. Comic, The. 4. Wit and humor. I. 손병우.

차례

· 한글 표기를 원칙으로 하되, 필요에 따라 외국어와 한
자를 병기하였다.
· 한글 맞춤법은 '한글 맞춤법' 및 '표준어 규정'(1988),
'표준어 모음'(1990)을 적용하였으나 혼란이 있는 경우는
출판사의 원칙을 따랐다.
· 외래어의 우리말 표기는 개정된 '외래어 표기법'(1986)
을 원칙으로 하되, 그 중 일부는 현지 발음에 따랐다.
· 사용된 기호는 다음과 같다.
　논문, 텔레비전 프로그램, 영화, 노래 등: 〈　〉
　책이름: 《　》

감사의 말

책으로 묶는 작업을 하면서 늘 가슴 속에 담아 둔 분들이 있습니다.

언제 어떤 주제를 갖고 달려들어도 늘 진심 어린 토론과 좋은 아이디어를 아낌없이 주는 정준영 박사, 여러 연구들에서 늘 인터뷰에 응해 준 송창의 감독과 김웅래 감독, 최신 유럽 문물을 알려 준 뮌스터 출신 독문학자 강태호 박사, 이 책에 담긴 논문 형태의 글들을 집필할 기회를 준, 지금은 프랑스 보르도 대학교에 있는 홍석경 교수, 음으로 도움을 준 문화일보 양성희 기자와 양으로 도움을 준 KBS 홍경수 PD, 자료 사진을 제공해 주신 KBS 홍보실, MBC 홍보부, 시사저널 관계자, 책의 출판을 맡아 준 한나래 출판사의 한기철 사장과 이리라 편집장, 애써 주신 신소영 씨 그리고 그 이름에 누가 될까봐 또, 왠지 쑥스러워서 밝혀 적지 못하는 많은 분들께 지면으로나마 감사의 인사를 드립니다.

40년 이상 교직에 계시다 정년 퇴직 후 아무 연고도 없는 농촌으로 가셔서 6년째 농사를 짓고 계신, 그래서 자식들에게 풍성한 베풀 거리를 생산하고 계신 아버지, 어머니께 이 책을 드립니다. 아버지, 어머니 언제까지나 사랑합니다.

코미디 시청과 풍자 바깥의 즐거움을 찾아서

내 오랜 벗, 텔레비전 코미디

나는 지금도 미국 뮤지컬풍의 탭댄스를 추며 아카펠라로 "뚜루 루뚜 루루 두루 루뚜루루루 빠아라 뚜와~"하고 시작하는 <웃으면 복이 와요>의 흑백 오프닝 장면을 생각하면 기분이 푸근해지는 동시에 가슴이 벅차 오른다. 바야흐로 알차고 재미있는 시간이 펼쳐지려는 신호의 원형으로 내 마음 속에 남아 있기 때문이다. 어린 날 마주친 텔레비전 프로그램들은 대체로 흥미로웠지만 <웃으면 복이 와요> 만큼 노골적이고 전면적으로 즐거움만을 제공한 프로그램은 없었다. 세상에 즐거움만을 위한 프로그램이 있다는 것 자체가 나에게는 환희였다. 세상이 1970년대로 바뀌고 있었다.

1973년 어느 날, 동네 부잣집 친구 녀석의 친척집 나들이에 동행했는데, 그 친척도 엄청난 부자였다. 그 뒤로 이 나이가 되도록 그만한 부잣집에서 그렇게 흔쾌히 놀아본 적이 없다. 그 집에서 점심으로 국수를 말아 주었다. 정말 실망스러웠다. 점심 메뉴로써도 그렇지만 부자의 존재 양태에 대한 이전의 환상과 너무도 달랐기 때문이다. 국수 위

9

에 다진 고기를 조금 얹어 놓은 게 당시 내 판단 좌표에 걸린 유일한 부자티였을까……. 그런데 누군가 켜 놓은 텔레비전에서 내 친구 <웃으면 복이 와요>가 나오기 시작했는데, 그 집 아주머니가 바로 스위치를 꺼버렸다. "으이그 바보 짓거리"라는 한 마디와 함께. 당시 나는 열한 살이었는데, 순간 그 "바보 짓거리"라는 지탄의 대상을 곧장 파악하지 못해서 속으로 조금 당황했다. 그 아주머니의 행동과의 인접성이나 방향성으로 볼 때 분명 <웃으면 복이 와요>에게 던진 말은 관행적으로도 논리적으로도 맞는데, 그 발언의 내용이 <웃으면 복이 와요>가 받아들이기에는 너무나 괴리감이 있었기 때문이다. 당시 <웃으면 복이 와요>에는 바보가 나오지 않았다. 재미있는 코미디언들은 많이 나왔지만 말이다. 더욱이 바보 짓거리가 있다고는 어느 한 순간도 생각해 본 적이 없었다. 하지만 그 아주머니의 비난이 지향하는 대상은 너무도 뻔했고, 열한 살 나는 그 때 깨달았다. '코미디에 대해 편견을 가진 사람이 있구나!' 하는 걸…….

세월이 20년쯤 흘렀고, 1990년대 들어서면서 텔레비전에서는 <질투>니 <마지막 승부>니 심지어 <모래 시계>니 하는 엄청나게 재미있는 드라마들이 만들어지고 있었다. 하지만 그 때까지도 나에게는 막연하나마 가장 시청률이 안정적으로 높은 것이 코미디라는 데 의심이 없었다. 어, 그런데 아니었다. 그 때도 늘 코미디 프로그램을 보고 있었지만, 이미 코미디 자체가 탈바꿈을 하고 있었다. 시청률의 제왕 자리를 드라마에 내준 지는 벌써 오래고, 명성을 유지하고 있는 코미디 프로그램은 극소수였다. 무릇 모든 변화는 갈등과 불안이 연결되어 있는 법. 코미디계에는 갈등이 있었고, 나는 코미디 프로그램들이 변화하는 와중에도 전처럼 즐겁게 시청했지만 마음의 또 다른 층위에서는 불안감을 느끼고 있었다. 이제 세상에는 코미디보다 재미있는 것들이 많이 생겼고, 코미디보다 더 노골적이고 전면적으로 즐거움만을 주겠다고 나서는 프로그램들도 많이 생겼다. 그 속에서 코미디는 정말 많은 변신을 거듭하면서 가끔 불꽃으로 타오르기도 했지만 자주 망가져 갔다.

다시 힘겨운 10년이 흐르고, 이제 텔레비전 코미디는 기력이 거의 쇠잔한 듯하다. 하지만 이는 한국 사회에서 유머를 유통시키는 형식이 변화한 것이지 코미디의 욕망이 사라진 것은 아니다. 내 친구 텔레비전 코미디는 후손들을 배출했는데, 그야말로 버라이어티하게 코믹함을 지향하는 것들이다. 어떤 녀석은 당당한 모습으로 거듭나고 있고, 어떤 녀석들은 다른 집안(장르)과의 통혼을 통해 그 쪽 장르 중흥의 중추가 되기도 했고, 어떤 녀석들은 제법 개성을 갖고 있지만, 또 어떤 녀석들은 (하는 짓거리가) 더럽게 뒤틀려 있고, 어떤 녀석들은 채 되다 말기도 했다. 하지만 그들 모두는 코미디의 욕망을 담고 있다. 코미디의 욕망이 담겨 있는 한 그 모든 프로그램들은 다 나의 벗이다. 그러니 이 오래 된 벗의 질타를 정 없다 오해 말기 바란다.

풍자와 텔레비전 코미디

텔레비전 코미디에도 풍자를 최고의 가치로 놓고 그것을 지향하도록 요구했던 적이 있다. 뭐, 코미디 비평의 기본 흐름은 내내 그래 왔다. 그러한 비평의 요구에 간혹 시기에 따라서 코미디언들이 화답한 적이 있었다. 대표적으로 김형곤의 "회장님, 우리 회장님" 편이 그렇다. 스스로도 정치 코미디를 표방했었고, 외압도 많이 받았다고 한다. 코미디의 정치적인 성격은 정치 영역을 소재로 삼는 경우에 한해서만 생겨나는 건 아니다. 정치인이나 재벌 회장을 직접 내세우면 물론 재미있는 풍자거리가 많이 생기겠지만, 코미디 장르 자체가 정치적인 욕구를 많이 반영하기 때문에 어떤 코미디이건 다소간 정치적이다. 정치적 무관심을 조장하려는 코미디 또한 탈정치화의 정치 행위와 같으니까.

그런데 텔레비전 코미디를 쭉 보면서(쭉 얼마나? 1970년부터니까 32년째다), 그리고 코미디에 대해 이론적으로 정리하고 평론 행위를 통해 반추하면서 든 생각은, 텔레비전 코미디와 풍자의 관계가 단일하지 않다는 것이다. 풍자의 가치로 놓고 볼 때 텔레비전 코미디는 천박하기 이를 데 없다. 그 의식 수준의 저열함이며, 코미디언으로서의 자의식은 있는지, 제작진의 무책임함, 스스로의 소멸을 존재 이유로 삼는 듯한 역설적 행태…… 물론 코미디언들도 힘든 점은 있었을 거다. 사회의 강자들, 그 사회의 권력과 자원을 독점하고 있는 집단들은 코미디를 싫어하게 되어 있으니 말이다. 그들은 사회 규범과 전통적 가치관에 입각해서도 코미디를 싫어하고, 특히 코미디가 풍자를 하려고 하면 더 싫어한다. 이런 강자 중심의 현실에 코미디언들은 너무도 잘 적응해 온 것은 아닐까? 풍자라는 게 쉬운 일이 아닌데, 강자들은 그걸 더 싫어하니, 그래도 덜 싫어하는 그러니까 풍자하지 않는 코미디를 하자고 말이다.

그런데 그러한 텔레비전 코미디, 풍자하지 않는 코미디를 보면서 나는 참 재미있게 자라고 또 살아 왔다. 물론 강자들이 흔히 하는 표현으로 '바보 짓거리' 코미디를 보면서 말이다. 그러면서 든 생각이 바로 풍자 바깥에도 코미디가 있다는 것이다. 그런데 이 풍자 바깥이라는 개념이 함축하는 바는 두 가지이다. 하나는 풍자를 지향하나 아직 수준이 거기에 이르지 못해서 그 밖에 놓여 있는 상황이고, 다른 하나는 아예 풍자와 무관한 곳에 코미디가 있는 상황이다. 가령 심형래가 파리 흉내를 낼 때, 그것은 때로 웃음과 즐거움을 준다. 이 즐거움은 그 파리가 무엇을 풍자해서가 아니다. 물론 동물 흉내내기가 풍자와 무관한 코미디의 전형이란 뜻은 결코 아니다. 사회 권력자들을 동물에 비유한 알레고리 코미디가 얼마든지 가능하니까. 그런데 심형래의 파리는 풍자와 무관하다. 그가 담배 연기를 소도구로 활용해서 연출하는 각종 표정들은 아무도 공격하지 않지만 그것 자체로 아주 재미있다.

또, 텔레비전이 자신의 과거를 회고하고 향수하는 행위는 풍자와 전혀 무관한 장에 놓인 즐거움이다. 이는 복고와도 다르다. 과거로 돌아가자는 게 아니고, 지난 시절의 추억들을 그리워하는 감정을 탐닉하는 거다.

카메라 장난들이 생겨나면서 텔레비전 코미디는 전혀 다른 국면의 오락 프로그램으로 변신한다. 훔쳐보며 즐기던 이들이 20세기 말 21세기 초부터 노출하며 즐기기 시작한 것이다. 사람들은 누군가 자신을 봐 주기를 바라게 되었고, 누군가 봐 주는 상황에서 비로소 자기 존재감을 구하고 있다. 시선으로써 자신의 주체성을 형성하던 존재가 대상으로서 비로소 정체성을 구하고 있는 것이다. 물론 여기에도 시선은 다층적으로 개입해 있다. 이런 인간 주체의 변화, 시선 구성의 변화, 정체성 형성 방식의 변화에 대해 텔레비전 오락 프로그램들(코미디에서 변신한)은 핵심적인 징후로 나타나고 있다. 대상이 됨으로써 주체성을 형성하는, 이건 뭐 라캉의 테제로 보자면 이미 오래 된 파악이지만, 지금 다른 점은 이런 징후들이 주체 스스로의 선택, 혹은 흘러감으로 보인다는 것이다. 여기에는 그래서 라캉과 푸코뿐만 아니라 고프만 식의 연극적 사회학과 그리고 내 능력을 벗어나 있는 정치학과 철학의 여러 논의들이 개입되어 있다. 따라서 앞으로의 연구 과제로 미뤄 두고 이 책에서는 그러한 경향의 현상적 파악까지만 시론 삼아 가 보았다.

요컨대 풍자 바깥의 즐거움이란 범주는 텔레비전 코미디의 현실을 인정하고 받아들인 연후에 제기하게 되는 것이다. 텔레비전 코미디는 거의 언제나 풍자 바깥에 있어 왔는데, 그렇다고 해서 한 마디로 저급하다고 하면 안 된다. 이는 풍자 바깥을 단일한 범주로 놓음으로써 40년 역사의 다종 다양한 텔레비전 코미디를 단일한 잣대로 평가하는 어리석은 태도라고 하지 않을 수 없다. 다만 언제나 저급할 뿐인 그러한 코미디 사례들이 많이 있다는 이유만으로 소박하나마 창의적인 희극적 상상력의 성취들의 가치를 구별해주지 못한다면 그것은 코미디 이론 쪽 문제가 된다. 또, 저급성 여부를 떠나 코미디에 대해서라면 늘 풍자 범주로밖에 비판하지 못하는 단순한 비평 문법을 고수한다면 그것 또한 코미디 현실을 제대로 깨닫지 못한 이론적 대응이 된다. 그래서 풍자 바깥의 즐거움은 텔레비전 코미디의 현실을 인정하고 받아들인 연후에 제기할 수 있는 핵심적인 인식 범주라고 감히 주장한다.

하지만 풍자를 지나쳐 가고 나면 그뿐인가? "쿵쿵따 끝말잇기"(그나마 발랄한), "90초 광고"(전신 마비를 불러올 것 같은, 초인적 인내심을 강요하는), 게다가 출연자들 스스로가 지겨워하는 듯한 (그러니 시청자는 오죽할까) "실루엣 토크"와 "7공주 전설" 등으로 코미디 무대가 휩쓸려 가도 괜찮은 건가? 또, 방송 3사의 연예 오락 프로그램 무대들이 하나같이 서너 명의 개그맨들에게 절대적으로 의존하는 이런 무기력한 상황 속에서 텔레비전 오락의 미래는 누가 준비하나?

위태롭지만 <개그 콘서트>가 그나마 코미디를 사수하고 있는 가운데 김영희 프로듀서의 작업들과 텔레비전이 아닌 영화 쪽에서 장진 감독의 작업들에 눈길이 가는 까닭도 풍자 바깥의 코미디의 가능성을 전망하고자 하는 욕망, 그러나 그 토대가 너무 허약한 텔레비전 코미디의 현실에서 받는 결핍감 때문이다.

코미디가 풍자 영역을 아예 넘어서면서 기존의 장르 기준 혹은 구속력 자체가 해체까지는 아니더라도 무척 헐거워지고 뒤섞여 버렸다. 그러한 사정은 이 책의 글쓰기에도 똑같이 나타나, '풍자 너머' 부분의 원고들은 코미디로 특정하지 않아도 되는 주제 비평들까지 함께 넣게 되었다. 또 책 전체 구성은 논문 형식의 글과 평론 형식의 글들을 모았다. 코미디와 관련된 글들을 모은다는 동기에서 비롯되었지만, 논문 형식의 글을 통해 문제 의식을 명료히 하되 실제 비평 행위로 그 문제 제기가 뒷받침되고 실천되어야 한다는 뜻도 담겨 있다. 코미디 프로그램에 대한 실제 비평글들은 주로 3장에 모여 있는데, 그때 그때마다 TV 코미디 프로그램들의 흐름 속에서 작성된 평론들이라서 글들 사이의 시간 간격이 크다. 그러한 연유로 독자들에게 낯설거나 잊혀진 사례들이 많이 등장할 것이다. 개개의 글들은 그 사례들이 방송되던 당시 나름대로 순발력 있게 작성하였지만, 그것들이 하나의 장르 비평으로 축적되기를 기다리다 보니 이렇게 되었다. 명쾌하지 않은 글들일지언정 유쾌하게 썼으니 통쾌한 코미디를 기다리며 상쾌하게 읽어 주시길……

2002년 12월 어느 새벽녘
서대전 구봉산 아래 신선 마을에서
손병우

1

동어 반복, 쟁점, 지향:

코미디에 대한 담론들

40년 텔레비전 코미디의 역사를 생각해 본다면 그 동안 얼마나 많은 코미디 프로그램들에 대한 논의가 있어 왔는지를 먼저 떠올리지 않을 수 없다. 코미디 장르를 이해하고, 코미디 프로그램을 비평하려면 먼저 앞서 이루어진 논의들을 살펴보는 것이 순서일 터. 이 책도 코미디와 오락 프로그램에 대한 기존 논의들의 경향을 서론격으로 정리하였다. 정리를 하고 보니, 기존 논의가 제자리걸음에 머물러 왔음을 비판하게 되었고, 한 걸음 앞으로 내딛기 위해 그 동안 산발적으로 제기되었던 논점들을 쟁점 사항으로 정립해 보았다.

1. 동어 반복적인 상황

코미디 프로그램들에 대해 전문 연구자들은 어떻게 평가해 왔을까? 한낱 텔레비전 코미디 프로그램을 학계에서 거들떠보기나 했을까? 이렇게 생각하기 쉽지만 코미디를 중심으로 한 텔레비전 오락 프로그램에 대한 논의는 그리 적지 않다. 특히, 학계와 방송업계 종사자들이 함께 참여한 학술 세미나와 토론회만 해도 여러 차례 이루어졌다.[1] 그런데 흥미롭게도 이런 생각(코미디에 대한 논의가 거의 이루어지지

1. 이 글에서 검토 및 재활용 대상으로 하는 기존의 논의들은 다음과 같다.
· 김창남 외, "좌담: 우리 나라의 방송 현실과 비평 활동," 김창남 외, ≪TV를 읽읍시다≫ 서울: 한울, 1991. pp.10~42.
· 김학수·김영석, "방송 코미디의 현상 진단과 발전 방향에 관한 연구," <방송조사연구보고서> 제18집, 방송위원회, 1988.
· 김호석, "텔레비전 오락 프로그램의 공익성," 한국방송학회 '오락 프로그램의 공영성 강화 방안' 세미나, 2000. 4. 28.

않았으리라는 생각)을 그러한 토론회를 개최한 학자들도 마찬가지로 했던 것 같다. 그 각각의 논의들은 언제나 선구자 혹은 개척자적인 의무감에서 거론 자체에 의의를 내세우고 있던 걸로 봐서 그렇다. 다시 말해, 언제나 처음 하는 세미나 아니면 새로운 논의의 전환점으로 스스로를 제시해 왔다는 말이다. 그래서 그 동안 있어 온 수 차례의 논의들을 보면 그보다 먼저 있었던 토론회에서 이미 다루어진 이슈들이 별 차이 없이 반복되는 경우가 많았다. 이렇듯 그간의 논의들에 대하여 대화보다는 독백에, 축적이기보다는 일회성 행사에 더 가깝지 않았나 하는 평가를 내리게 되는데, 여기에서 코미디에 대한 논의들이 보인 동어 반복적인 현상의 근원을 찾게 된다.

앞으로의 논의의 발전을 위해서는 이제 오락 프로그램에 대한 거론 자체만으로 그 의의를 내세울 단계가 지났음을 보여 줄 필요가 있다고 보고, 이 글에서는 어떤 내용들이 이미 반복 언급되었나를 정리하고자 한다. 그 과정에서 동어 반복된 부분의 정리뿐 아니라 향후 이어지는 논의들의 과제로서 기존의 논의들에서 도출할 수 있는 관련 쟁

· 방송위원회, '방송 코미디의 현상 진단과 발전 방향에 관한 연구' 토론회, 1988. 12. 6.
· 방송위원회, <'93 방송인 세미나 종합 보고서 — 좋은 방송을 위한 방송인과 시청자의 역할>, 1993. 11.
· MBC 민주언론실천위원회(민실위) – 한국사회언론연구회 토론회, 1990. 4. 30.
· 이근삼, "연예 오락 프로그램의 질적 향상 방안," 한국방송학회 '한국 방송의 코미디와 버라이어티쇼 프로그램 진단과 그 개선책' 세미나, 1996. 10. 7.
· 전규찬, "오락 프로그램의 공영성 강화 방안," 한국방송학회 '오락 프로그램의 공영성 강화를 위한 실천 과제' 세미나 재인용. 2000. 4. 28.
· 한국방송개발원, '방송프로그램 발전을 위한 대화의 모임 — TV 코미디 부문,' 1989. 5. 30~31.
· 한국방송진흥원, "특집 좌담회: 무엇이 좋은 프로그램인가?" <프로그램 / 텍스트>, 1999. 11. 25.
· 한국방송학회, '연예 오락 프로그램의 질적 향상 방안' 세미나, 1996. 10. 7.
· 한국언론학회, '오락 프로그램의 공영성 강화 방안' 세미나, 2000. 4. 28.
· ——— , '텔레비전 오락 프로그램의 재조명,' SBS 후원 세미나, 2000. 6. 30~7. 1.

점들 및 아직 선명하게 제기되지 않은 필요한 논점들을 제시하려고 한다. 시간상 거리가 있는 인용문들 사이의 대화와 인용, 재인용 형태의 서술 방식을 취한 까닭도 바로 이러한 동어 반복 현상의 극복과 쟁점 도출 의도에서 비롯된 것이다. 따라서 이 글은 아직 텔레비전 오락 프로그램에 대한 본론이 본격적으로 제시되지 않았고 이러한 단계의 논의에 가장 필요한 것이 서론이라는 판단에서 쓰여졌다고 할 수 있다.

2000년에는 한국방송학회와 한국언론학회에서 모두 텔레비전 오락 프로그램에 대한 논의를 개최했다. 그에 앞서 1996년도 한국방송학회에서도 같은 주제로 세미나가 진행되었다. 외관상 이처럼 논의가 활발히 시도된 까닭은 어디에 있을까? 첫째, 오락 프로그램에 대한 관심이 생겨나고 또 커지고 있다는 긍정적인 조짐 덕택일 수 있다. 관심이 큰 만큼 논의가 활발해지는 것은 당연한 일일 테니까 말이다. 둘째, 그 동안 시도된 논의들이 일정한 실질적 성과를 거두지 못했기 때문일 수 있다. 앞선 논의에서 부족함이 있다고 여겼기에 재론할 필요성을 느끼지 않았겠는가. 그런데 (검토 대상으로 삼은 일련의) 토론회와 세미나들의 실질은 이런 추론과 많이 달랐다. 지금 얘기한 것처럼 앞선 논의의 미진함 때문에 뒤이은 논의가 추동되었다고 한다면, 선행 논의에 대한 비판적 검토와 각론으로의 발전 등이 이루어져야 하지 않을까? 그런데 그 실질은 시간 간격이 무색하게도 논의의 병렬과 상호 관심의 희박성, 일반론의 반복 등에 머물러 있다.

다음의 예문들은 지난 12년 동안 (코미디를 중심으로) 텔레비전 오락 프로그램에 대한 문제 제기의 동기가 크게 달라지지 않았음을 보여 준다.

　…… 우리 사회에서는…… 대중 매체가 생산해 내는 오락 프로그램의 부정적 측면만을 강조하는 경향이 없지 않은 것이 사실이다. 따라서 본 세미나는 텔레비전 오락 프로그램의 사회적 기능을 재조명하고 향후 발전 방안을 모색하는 것을 목적으로 한다……. 더 구체적으로는 텔레비전과 오락에 대

한 기존의 편향된 논의를 벗어나…… 오락 프로그램에 진단과 처방을 내리는 논의를 진지하게 가져 보자는 취지이다(한국언론학회, SBS 후원 세미나 기획서, 2000).

이는 2000년에 있었던 세미나 기획서의 취지문인데, 그보다 12년 전에 있었던 세미나의 개최 발의의 동기와 거의 비슷하다.

어떻게 하면 우리 사회에서 코미디 문화를 정착시킬 수 있을까 하는 문제를…… 지금까지의 경우를 보면 나쁘다고 지적만 해 온 것이 그 동안의 인식이었다면 이제부터는 나쁜 것을 고쳐 나가는 데 무엇을 해야 하는가 하는 쪽에 위원회가 관심을 갖고 있다는 사실을……(서정우, 방송위원회 토론회, 1988).

한국 방송 코미디의 현상을 분석 진단하고 이를 통하여 도출된 결과를 바탕으로 앞으로 방송 코미디가 나아갈 바람직한 방향을 모색하는 일은 매우 의의 있는 일이 아닐 수 없으며……(강원룡, 1988).

따라서 "그 이전에도 있었지만 성공보다는 실패의 경험이 많은 대화의 또 다른 시도"(전규찬, 한국방송학회 세미나, 2000)라는 한 연구자의 발언은 이와 같은 동어 반복적인 상황에 대한 문제 의식과도 무관하지 않다.

이러한 일반론이 단속적으로 반복되는 상황을 극복하기 위해서는 다음과 같다. 첫째, 기존의 논의를 고려하여 논의 맥락의 유관성을 전제로 해야 한다. 둘째, 각론으로의 발전을 위해 기존 논의들에서 제기된 쟁점 사항들을 명확히 해야 한다. 셋째, 기존 논의들의 미약한 생산성 또는 미약한 사회적 효능의 원인이 된 장애물에 대한 인식이 필요하다고 본다.

2. 기존의 비평 담론, 네거티브 패러다임

기존의 비평 담론들이 어떤 성격을 띠고 있는가에 대한 메타 담론들, 곧 기존의 비평 담론에 대한 이해의 양상을 살펴보면 여기에서도 그 인식상의 변화가 거의 없음을 알 수 있다.

코미디는 저질성 시비, 비현실적인 소재, 엉성한 전개라는 비난을 적잖이 받아 왔다(MBC 민실위, 1990a).

요즈음 오락 프로그램 저질 시비가 한창이다……. 한 마디로 가관이다(정기도, 2000).

오락 프로그램에 대한 비평 담론들에 대한 평가는 이처럼 10년의 거리를 두고도 비슷하게 '저질성 시비'로 규정되고 있는데, 다음의 인용문은 그 밖에 여러 가지 지적 사항들을 거의 망라하고 있다.

…… (1) 소재의 빈곤 (2) 어린이와 청소년층만을 의식한 내용이다. 성인층과 노년층 시청자를 전혀 의식치 않고 있다. (3) 웃음의 원인이 상대방의 못생긴 모습, 서로 치고 받는 과정, 유치한 행동에만 있다. (4) 코미디와 개그, 그리고 쇼의 구분이 없는 잡탕이다. (5) 시청자가 아니라 현장에 동원되어 나온 방청객만을 의식한 행동을 한다. (6) 겹치기 출연, 매일 보는 그 얼굴과 그 소리에 싫증이 난다. (7) 코미디의 배경 무대가 초라하다(코미디를 경시하는 제작비에도 문제가 있을 것이다). (8) 시청자가 내용이 어처구니가 없어 실소하는 내용이 태반이다. (9) 일반 서민의 산 생활 경험을 소재로 한 내용을 찾아볼 수 없다. (10) 시사적인 내용이 희소하다. (11) 출연하는 사람들의 발성, 행동에 절제가 없다. 출연진의 기술 연마가 수준 이하라는 말이다(이근삼, 한국방송학회 세미나, 1996).

23

오락 프로그램들에 대한 비판은 크게 두 가지 성격으로 대별할 수 있다. 하나는 이른바 저질 시비이고, 다른 하나는 이데올로기 비판이다.

1) 저질 시비

코미디와 오락 프로그램에 대한 저질 시비는 계속해서 제기되어 온 문제이기 때문에 그 내용을 되짚어 볼 필요가 있다. 다음은 시청자 전화, 모니터 단체의 보고서, 신문 기사 등에서 이루어져 온 저질 관련 내용들을 간추린 것들이다. 쭉 훑어보면 이른바 '저질'이라고 하는 평가 개념은 학문적 인식 범주라기보다는 일상 용어의 성격이 강하고, 다양한 비판 사항들을 하나로 묶는 임의적 대표어로 동원되고 있음을 알 수 있다.

> ······ 학생의 신분으로서 선생님 대하는 태도가 공손하지 못하여 웃음보다는 허무맹랑하다는 느낌을 받았다······. 선생님 앞에서 뺑이야를 남발해 교육상 좋지 않다······. 코미디언끼리 장난치고······ 너무 자주 이용해 식상하고······(MBC 민실위, 1990b).

> 억지 상황 연출, 신파와 난센스 수준 / 저속한 대사와 장면 / 유아적이고 치졸한 발상 / 무분별한 폭력성 / 연기자들의 과장된 몸짓과 청소년 방청객들의 괴성 / 비어와 성을 암시하는 은어와 대사들 / 밤무대를 연상하게 하는 무대 조명과 의상 / 청소년 시청자를 대상으로······ 남녀 간의 애정 관계를······ 농밀하게 묘사하는 선정적인 내용들 / 마구잡이식 조어, 반말, 비속어, 어긋난 어법, 외국어 등의 언어 공해 / 스타의 사생활이건 외모상의 특징이건 간에 가리지 않고 무차별 웃음 소재로 이용 / 패러디를 빙자한 모방성의 일반화(서울 YMCA 시청자시민운동본부, 1994).

…… "무자비한 제작 방향"(<한국일보>, 1995. 1. 10), "TV 3사의 유치한 코미디 대결"(<조선일보>, 1995. 4. 1), "소재 빈곤의 극단"(<동아일보>, 1995. 4. 21), "대응 편성, 프로그램 모방 현상, 비전문 MC 기용"(<중앙일보>, 1995. 5. 22), "저질 코미디의 피곤한 주말"(<한겨레>, 1995. 5. 12), "지나친 진기성 강조, 깜짝 쇼, 많은 혐오 장면"(<세계일보>, 1995. 5. 31)……(손병우, 하종원, 1996: 71).

저질 시비로 응축되는 비판 담론들의 특징은 첫째, 억지, 저속, 치졸, 무분별, 비정상적, 마구잡이식, 무차별, 얄팍한 등의 수식이 이루어지는 점, 둘째, 비교육성, 폭력(폭행), 언어 공해, 선정성(성 상품화, 성적 대상화), 표절, 10대 편향성 등 서로 구분되는 범주들을 모두 포괄한다는 점을 알 수 있다.

이상의 지적 사항들을 다시 기획 차원의 비판과 제작 차원에 대한 비판으로 구분하여 정리할 수도 있다. 즉, 기획 차원에 대한 비판은 표절이나 모방, 스타에의 의존, 소재 빈곤, 낡은 포맷, 10대 편향성, 차별화 실패, 장르 구분 없는 잡탕, 식상, 서민의 살아 있는 생활 경험이나 시사적인 소재의 희소 등을 들 수 있고, 제작 차원에 대한 비판은 비교육성, 폭행, 언어 공해, 선정성, 미숙련, 무성의, 구성력 미비, 졸속 제작 등이 해당될 것이다.

2) 지배 이데올로기 비판

위의 저질 시비가 오락 프로그램을 건전한 사회 유지의 장애물로 보는 입장이라면 이것과 정반대 입장에서 오락 프로그램을 현실 변혁의 장애물로 보는 입장에서 이루어지는 비판이 지배 이데올로기 비판이다. 즉, 텔레비전 오락 프로그램이 정치적 무관심을 유발하고,

현상을 인정하게 하며, 이데올로기 공세를 위장시키는 외피로 기능한다고 보고, 그것이 결과적으로 지배 집단의 권력 유지 기제로 작용한다는 것이다. 다음의 두 인용문은 이데올로기 비판론의 내용을 잘 정리하고 있다.

> …… '스트레스 해소'와 '정서적 위안'이란 차원의 오락 개념이 일차적으로 문제가 되는 것은 그것이 가지는 고도의 정치적 함의 때문이다. 오락은 정치와 무관한 것이라는 생각은 프로그램 제작자들이나 수용자들 모두에게 일반적이지만 이는 잘못된 생각이다. 텔레비전의 현실 도피적 오락 기능이 대중들로 하여금 정치적 무관심을 조장하고 현실에 대한 비판적 인식을 가로막음으로써 현실 체제와 정치 질서를 유지 강화하는 데 기여하는 정치적, 이데올로기적 기능을 가짐은 이미 많은 학자와 이론가들에 의해 지적되어 왔다. …… 좀더 직접적으로 정치적 메시지를 드러내는 보도나 교양물에 비해 오락물에서 정치적 메시지는 쉽게 눈에 뜨이지 않고 무의식적으로 작용하는 까닭에 정치적 효과가 오히려 더 클 수 있음을 이해할 필요가 있다(김창남, 1991: 286).

> TV 오락을 부정적으로 보기는 좌파 성향의 비판적 지식인들 사이에서도 분명하게 확인된다……. 다시 말해서 TV 오락은 '수용자들에게 쾌락적이고 비현실적인 도피적 문화 내용물을 제공하여 수용자들을 탈정치화시키고 정치적 무관심을 창출하는 한편, 그 문화 내용 속에 지배 계급의 가치와 이데올로기를 주입시켜 내적 통합 원리로 작용'하는 그 무엇이다(김해식, 1985; 전규찬, 한국방송학회 세미나, 2000에서 재인용).

이 두 가지 비판의 흐름 가운데 이데올로기 비판의 관점이 1990년대 들어서면서 롤랑 바르트 Roland Barthes 의 '즐거움,' 존 피스크 John Fiske 의 '기호학적 민주주의' 등의 범주의 도입으로 논의의 장에서 일단 유보 상태에 접어든 것에 비해, 저질 시비로 대변되는 일련의 비판들은 좀더 복합적인 고려가 이루어지고는 있으나 여전히 비판 담론의 장에 남아 있다.

3) 원인 진단

잊을 만하면 한 번씩 반복되는 게 코미디 저질 시비이긴 하지만, 비슷한 소리를 다시 듣게 되는 심정은 그다지 유쾌하진 못하다(김창남, 1989).

이렇게 저질 시비가 앞서 돌아보았듯이 장기간 되풀이되는 까닭을 추정하자면, 첫째, 오락 프로그램이 개선되지 않고 여전히 같은 수준과 성향을 유지하고 있기 때문에 그렇거나, 아니면 둘째, 오락 프로그램에 대한 논의의 수준이 답보 상태에 있기 때문일 것이다.

그런데 최근의 논의들에서는 프로그램 쪽 요인보다 비판의 관점과 풍토가 잘못되어 있다는 데서 그 주된 원인을 지적하고 있다.

…… 우리 사회에서는 지나친 엘리트주의적 시각과 유교 문화적 시각에서 대중 매체가 생산해 내는 오락 프로그램의 부정적 측면만을 강조하는 경향이 없지 않은 것이 사실이다……. 오락에 대한 기존 논의에는 사회의 특정 계층의 취향과 가치관, 미적 경험 등을 준거로 오락 자체에 대해 저급시하는 시각이 내포되어 있다(한국언론학회, SBS 후원 세미나 기획서, 2000).

다시 말해, TV 오락에 대한 비판적인 담론이 주류를 이뤄 온 주된 원인은 그러한 평가들이 '엘리트주의'와 '유교 문화적' 관점에 편향되어 있었기 때문이고, TV 오락에 대한 담론들을 비판적으로 분석하고자 할 때 이 점이 지적되어야 한다는 말이다.

비슷한 입장으로서 다음의 논의들은 좀더 구체적인 내용을 담고 있다.

오락 프로그램을 문제시하고 경시하는 국내외의 비판적 경향은 '문화 산물을 상품으로 교환하는 방식이 문화의 전반적 질을 하락시킨다'고 강력하게 비판했던 18세기 낭만주의자들의 시각을…… 이어받은 것이라고 할 수 있

다……. 이러한 시각은 이후…… 우파와 좌파……를 막론하고 지대한 영향
을 미치며 대중 문화에 대한 지배적인 평가로 정립되었다.

대중 문화에 대한 부정론이…… 지배하는 현실에서…… 텔레비전의
오락 프로그램은 자본주의 사회의 저질 문화의 분명한 증거이자 대표적인
사례로 인식될 수밖에 없었다.

그러나…… 오락을 경시하는 사회적 풍조와 방송 비평 또한 대단히
큰 문제를 내포하고 있다……. 대중들의 여가를 위한 오락으로 인정하지
못하고 순수 예술의 미적 기준이나 규범적인 도덕률을 기초로 저질이라고
재단하는 것은 결코 정당한 비평이라고 할 수 없기 때문이다(김호석, 한국
방송학회 세미나, 2000).

TV 오락은…… 보수적 시각과…… 자유주의적 경향 간 충돌의 끊임없는
지점이다. 이 갈등은 두 이데올로기적 입장 간 차이에서 기본적으로 연유
하지만, 오락이 갖는 본질적 특성 때문에 비롯된 측면 또한 간과될 수 없
다. 오락은 사회 집단적 행동이며…… 이성이나 논리 질서보다는 감성, 소
란과 무질서에 가깝다……. 이처럼 내포된 요소의 성격상 오락은…… 미적
이라기보다는 도덕적인 기준에서 평가되어 왔다…….

TV 오락은…… 의식보다는 무의식, 논리적 사고보다는 감성의 동원을
요구하며, …… 바로 이러한 속성으로 인해…… 사회 내 부정적 시각에 기
초해 논의되는 경향이 두드러지게 되는 것이다…….

…… 보수 언론에 의해 TV 오락은 도덕적 타락자인 동시에 반사회적
의식의 전파자로 지목된다……. TV 오락을 부정적으로 보기는 좌파 성향
의 비판적 지식인들 사이에서도 분명하게 확인된다. 이들에게도 TV 오락
이란 억압으로부터의 현실 도피…… 소외감 해소를 위한 욕망의 거울……
자본 축적을 위한 상품과 재생산을 위한 이데올로기적 외피의 이중 성격을
갖는 것으로 파악된다(전규찬, 한국방송학회 세미나, 2000).

이를 정리하자면 TV오락에 대한 비판적 담론들이 제기되는 까
닭은 다음과 같다.

첫째, 문화의 질을 하락시킨다는 점에서 오락(프로그램)을 경시하는 태도
때문이다.

둘째, (평가가) 미적 기준이나 규범적인 도덕률을 기초로 하기 때문이다.

셋째, (보수주의적 입장) 오락이 도덕적 타락자이고 반사회적 의식의 전파자이기 때문이다.

넷째, (좌파 성향) 현실 도피, 자본 축적을 위한 상품, 이데올로기적 외피 때문이다.

그런데 잘 들여다보면 세 번째 보수주의적 입장에서 행해져 온 비판에 대해서는 첫째와 둘째 내용이 그 반론이 되고 있는 데 비해서, 좌파 성향의 관점에서 행해져 온 비판에 대해서는 반론이 제기되지 않고 있음을 알 수 있다. 다만 앞에 인용한 김호석의 논문에서 '규범적 도덕률'에 입각한 비판이라고 한 부분을 서구 좌파 진영에서 이루어진 신수정주의 논쟁의 맥락에 접목시켜 광의로 해석할 때 일부 반론이 이루어지는 것으로 볼 수도 있을 것이다.

하지만 다음의 예를 통해 저질 시비의 동기를 상기한다면, 오락 프로그램에 대한 비판이 되어 온 원인이 인용문들에서 진단하듯 비판 관점 쪽 요인뿐만 아니라 비판 대상이 되는 프로그램 쪽 요인도 여전히 무시해서는 안 된다는 것을 알 수 있다.

시청자의 얄팍한 호기심과 말초 신경을 자극하는…… 선정적 이야기나 성적 암유/몸의 극히 일부분만을 가리고 물 속을 뒹굴거나…… 다리를 집중 클로즈업…… 노브라인 커다란 가슴선의 움직임이 드러나도록 집중 클로즈업하는 등…… 성적 대상화(서울 YMCA 시청자시민운동본부, 1995).

…… 수중 촬영으로…… 몸의 절반 이상이 드러난 여성이 물 속에서 허우적대는 장면을…… 화면에 가득 담을 이유가 있을까(허엽, 2000a).

3. 오락 프로그램 비평의 쟁점

위의 원인 진단을 돌아볼 때에도 느낄 수 있듯이, 텔레비전 오락 프로그램과 관련한 논의들이 상황과 계기에 따라 산만하게 이루어져 온 탓에 관련 쟁점들이 유기적이고 명료하게 정립되지 못했다고 할 수 있다. 논의의 축적과 진전을 위해 오락 프로그램에 대한 비판 및 그 비판들에 대한 비판과 관련하여 기존의 쟁점들을 확인할 필요가 있다.

1) 동네북 피해 의식

코미디를 중심으로 한 오락 프로그램들은 텔레비전 프로그램들 가운데 가장 눈에 잘 띄는 장르로 여겨지고 있다. 그래서 장르의 특성과 무관하게 다른 의도와 필요성에 의해 텔레비전이 지탄받을 때에도 주요 희생양이 되고 있다는 제작진의 피해 의식을 낳는 것으로 여겨진다. 이런 상황은 오락 프로그램과 관련된 쟁점 사항들을 이해하는 전제로 고려되어야 한다.

> 시트콤의 신설은…… 시청자의 눈길을 끌기 쉬운 오락 프로를 확대하겠다는 취지다(허엽, 2000b).

> 그 동안…… 코미디 프로그램에 대해서는 냉혹한 비평을 하지 않았는데 그 이유는…… 그만하면 만족한다는 생각에서가 아니라…… 보도 프로그램 등에서 편파적 내용이 거침없이 나가는 것을 볼 때 코미디만 놓고 유독 질의 문제를 따질 것은 아니라는 생각에서였고, 다른 프로그램들에 대한 비난,

30

불만들을 코미디가 한꺼번에 걷어져 오지 않았나 하는 생각이 있었기 때문입니다(이경순, 방송위원회 토론회, 1988).

…… 애매하게 욕만 먹는 경우가 많아요…… 왜냐하면 힘이 없어서 문화적으로 경시 당하는 거죠 / 코미디 프로그램을 굉장히 경시하는 그러니까 은 연중에 무시하는 듯한 발언들을 많이 해요…… 예를 들어 '어떻게 코미디 프로그램에서……' 하는 식의 얘기를 해요 / 코미디를…… 저 쪽에서 우습게 보는 것도 있어요. 그래서 중징계를 쉽게 내리는 것 같기도 하고……(손병우, 1996: 250)

<동아일보>의 기사는 오락 프로그램의 가시(적 효과)성의 전제가 되는 인식을 보여 준다. 일반적으로 오락 프로그램은 눈길을 끌기 쉽다고 생각하고, 또 그렇게 생각한다고 여겨진다. 따라서, 사회 정화 정책 혹은 방송 기조 변화의 가시적 효과성을 노릴 때에도 이런 통념에 의거하여 오락 프로그램부터 두드려댄다고 생각하고 또 실제 그렇게 해 왔다. 뒤의 두 인용문에서는 그러한 원인에서 비롯되었을 코미디 프로그램과 그 제작자들의 피해 의식이 드러나고 있다.

2) 휴식 대 도피

텔레비전 오락 프로그램의 기능은 단순한 휴식 제공이고 이는 삶에서 빠트릴 수 없는 영역임이 분명하다. 다만 그것이 제작진이나 방송사의 의지와 무관하게 정치적 함의를 갖고 있다는 점 또한 부인할 수 없다. 다음의 예문들은 오락 프로그램의 기능을 옹호하는 입장과 비판하는 입장을 잘 대변하고 있는데, 옹호하는 쪽의 논지를 보면 기능성을 강조하기 위해 후자의 비판적 논점에 대해 배제적 입장을 취함을 알 수 있다.

방송사에서 쇼 프로그램을 편성하는 이유는 간단합니다. 시청자들에게 휴식을 제공한다는 의미이지 어떤 커다란 이념의 문제를 염두에 두지는 않습니다(고희일, 1991: 39).

실질적 수행에 더 관심이 많은 제작진의 입장에서 이처럼 소박한 현실 논리를 내세운다면 다음의 예는 오락 기능의 중요성을 강조하기 위해 이론적 배경을 제시하는 적극성을 보인다.

> 휴식과 여가를 충분하게 향유하지 못하면 노동자는 다음 날 노동력을 제대로 가동시키지 못하고, 이는…… 사회의 항상성을 해치는 문제를 유발할수 있다……. 그래서 C. 라이트(Wright, 1960)는 오락의 순기능을 일상의 문제로부터 탈피해 개인적인 휴식과 도피, 여가 선용 등을 제공하는 일이라고 주장하는 것이다……. 텔레비전의 오락 프로그램은 사회의 항상성을 유지하는 오락의 기능을 담당하는 주 매체라고 하더라도 과언이 아닐 것이다(김호석, 한국방송학회 세미나, 2000).

그런데 사회의 항상성 유지의 기준에서 오락 프로그램의 순기능을 주장하는 위의 입장은 노동력 재생산을 통한 사회의 항상성 유지라는 가치의 정당성(누구를 위한 항상성인가?)에 대한 검토 없이 공리적 전제로 삼음으로써 기존 체제를 유지하는 입장에 지지하는 것이 되고 만다. 따라서 도피주의, 진정한 오락성에 대한 인식 작업 등을 요구하는, 이미 오래 전에 제기된 다음과 같은 비판에 대한 대답이 되고 있지 못하다.

> 오락, 즉 놀이의 참뜻은 일상의 삶과 노동에서 맺힌 모순과 한을 풀면서더 높은 삶으로 고양되기 위한 휴식과 재충전의 과정에 있다. 그것은 일시적으로 현실을 잊어버리고 떠나 있는 과정이 아니라 현실을 음미하고 현실속의 나를 확인하며 다가올 현실을 준비하는 과정이다. 따라서, 진정한 오락성은 현실로부터 도피하는 것이 아니라 오히려 현실과 현실 속의 자신의삶을 정확히 인식하는 데서 출발한다. 그러나 이는 오락 프로그램이 엄숙

하고 딱딱하고 교훈적이어야 한다는 의미와는 전혀 다르다. 오락성은 현실에 바르게 뿌리하면서도 얼마든지 기분 전환과 피로 회복과 정서적 위안의 재미를 제공할 수 있다. 요컨대 스트레스 해소나 무료함의 달램은 참된 오락성의 추구에서 얻어지는 부수적인 효과인 것이지 그것 자체가 목적이 될 수는 없다(김창남, 1991: 256~7).

3) 재미 지상주의 대 풍자와 철학

오락 프로그램의 일차적인 목표는 웃음 또는 재미라고 할 수 있다. 하지만 이런 목표를 내세우는 태도에 조금씩 차이가 나타난다. 제작상의 실질적 목표로서의 재미 추구와 재미만을 추구하는 재미 지상주의는 본질적으로 다른 것일 수 있다.

가령 "그냥 시청자들이 그 시간에 보고 즐거우면 되는 거지 내가 코미디를 해서 뭐 이런 건(뭔가 대단한 일을 하겠다는 뜻은) 없어요"(손병우, 1996: 246)와 같은 진술과 비교할 때, '코미디는 일단 웃었으면 그것으로 됐다'는 내용을 핵으로 한다. 이와 같은 태도는 재미를 위해서라면 수단과 방법을 가리지 않겠다는 부정적 함의 그리고 저질 시비로 대표되는 비판들에 대한 자폐적 반감 등이 개입된 것으로 여겨진다는 점에서 큰 차이가 있다. 웃음을 목표로 삼되, 웃음 이외의 것은 배척하는 이런 태도는 앞서 언급한 피해 의식과 무관하지 않다고 여겨져서 그 책임을 전적으로 코미디 연기자나 제작자에게 돌릴 수 없겠지만, 이런 웃음 지상주의의 입장 자체는 공감을 얻기 어렵다고 본다.

그래서 "많은 경우 오락 프로그램의 제작자들은 '재미있으면 그만'이라는 사고 방식을 벗어나지 않고 있으며 그 '재미'가 가지는 사회적 의미나 기능, 질적 수준 따위는 부차적인 문제로 인식한다"는 지적도 제기되는 것이다(김창남, 1991: 285~6).

다른 곳에서 웃음 지상주의의 함정에 빠지지 않는 대안적인 인식을 찾을 수 있다. 가령 "코미디는 한 마디로 웃음을 자아내는 것을 그 일차적 요소로 한다"(김학수·김영석, 1988)는 내용을 "코미디는 시청자들에게 웃음을 선사하는 것을 직접적인 목적으로 한다. 그러나 이것은 코미디가 독자적인 장르로 존재하는 최소한의 전제일 뿐 어떻게 하든 웃음만 유발시키면 그만이라는 의미는 아닐 것이다……. 이것은 곧 웃음의 질에 대한 문제이다"(MBC 민실위 – 한국사회언론연구회 토론회, 1990)라는 의미로 받아들인다면, 다시 말해서 웃음은 코미디와 오락 프로그램의 최소한의 전제로서 소중한 것이지 그것이 궁극의 목적은 아니라는 인식을 가진다면, '웃었으면 됐지 왜 말이 많냐'는 식의 혼란은 극복될 것이다.

그렇다면 오락 프로그램이 지향해야 하는 웃음 이후(이상)의 것은 무엇인가?

코미디는 기본적으로 풍자……(MBC 민실위 – 한국사회언론연구회 토론회, 1990).

웃음의 철학이 없는 웃음은…… 억지 웃음, 어처구니 없는 웃음, 다른 말로 하면 노는 꼴이 우스워서 결국 따라 웃게 되는 그런 웃음(유경환, 방송위원회 토론회, 1988).

풍자와 철학이 제시되고 있지만 이는 원론 차원에서 가능한 대안으로서 제작진에게는 그것을 어떻게 수용하고 구현할 것인가의 고민이 남는다.

웃음의 근본적 속성이 사회 중심에서 이탈된 직업, 성격, 상황이 웃음을 남긴다고 했습니다. (그럴진대) 터무니없는 행위, 동작이 반드시 나쁜 것인지…… 생각하는 웃음, 건강한 웃음, 의미 있는 웃음, 웃음의 철학은 무엇인지(를 설명해 줘야 할 것 아닌가), 또…… 코미디 프로그램을 웃음 그 자체만으로 평가할 수는 없는지 (의문이 든다)……(유수열, 방송위원회 토론회, 1988; 괄호 안은 저자의 가필).

위 방송인의 토론 내용은 웃음이 코미디의 궁극적인 목적이 아니라 일차적인, 최소한의 전제일 뿐이라는 주장을 받아들이고 난 이후에 제기될 수 있는 연구 과제라고 할 수 있다. 또한 이 발언에는 코미디 장르의 특성이자 웃음 유발의 근원이라고 할 수 있는 '중심 이탈성' 때문에 오히려 저질로 평가되어선 안 된다는 문제를 제기하고 있다.

4) 평가 기준의 범주 오류

웃음 그 자체, 곧 웃음의 본질에 입각한 평가 그리고 코미디 그 자체, 다시 말해 코미디 장르 특성에 입각한 평가가 이루어져야 하는데, 많은 비판들이 그렇지 못하다고 하는 위의 항변은 평가 범주의 오류 문제로 연결된다.

사내외의 기본적인 시각이 코미디를 코미디 자체로 보아 주려 하지 않고, 그 중요성을 충분히 인식하지 못하고 있는 것 같다(MBC 민실위 - 한국사회 언론연구회 토론회, 1990).

어쩌다 코미디 프로듀서가 되었는지 안타까워하는 그 분의 말에는 코미디에 대한 '편견'이 묻어 있었다. 사람들은 코미디 프로그램을 보고 나면 남는 게 없다고 한다. 사실이다……. 그러나 꼭 무엇이 남아야 하나? 잘 차려 놓은 놀이 공원에 와서 왜 현장 학습을 하려 할까?(서수민, 2000; 전규찬, 한국방송학회 세미나, 2000에서 재인용).

오락 프로그램에 인간 정신을 고상하게 할 것을 요구한다던가, 창조적 예술이기를 바라지 말자……. TV는 대중을 위한 것이고 오락 역시 대중을 위한 것이다. 따라서 미학적 기준들이나 도덕적 규범을 통해 오락 프로그램을 재단하는 것은 범주 오류를 범하는 것이다(정기도, 2000).

범주 오류에 의해 무조건 나쁘게 보는 태도가 잘못이라고 해서, 오락 프로그램의 창조성과 인간성 고양을 지향하는 것까지 배척하는 것은 또 다른 극단적 태도일 수 있으며, 또 범주 오류 때문에 저질 성까지 면책되는 것은 아니다. 하지만 이런 입장은 오락(프로그램)을 무조건 나쁘게 보는 태도, 잘못된 기준에 의한 왜곡된 평가 경향에 대한 반론으로써 그 의미를 부여받을 수 있다.

5) 웃음은 보편적인가

특히, 코미디와 관련하여 웃음의 조건이 보편적인 것이냐 아니면 특수한 조건에 국한된 것이냐 하는 데 쟁점이 성립될 수 있다. 웃음의 발생에 대한 정신 분석학 쪽에서의 논의는 기본적으로 공격성 이론에 바탕을 둔다. 공격하는 자와 공격당하는 자 그리고 공모자의 삼각 관계 속에서 강자인 공격당하는 자의 검열을 회피하여 성공적으로 공격이 이루어질 때 공모자의 호응이 웃음으로 표출된디는 것이다. 그렇다면 분명 웃음은 만인에게 보편적인 것이 아니라 공모 관계에 있는 공격자와 (관찰자 혹은 듣는 자로서의) 공모자 사이에서만 공유 가능한 것이다.

또, 코미디에 대한 원론적인 논의들에서도 웃음의 문화적 교육적 전제를 언급하면서 그 특수한 조건 구속성을 얘기하고 있다.

웃음은…… 후천적 속성이 강하다고 봅니다……. 희극에 대한 정의는 많이 나와 있지 않습니다. 그 이유를 보니까 웃음 현상이란 게 너무 다양하고 일촉즉발적인 것으로 문화권, 계급, 지역적으로 다르게 나타나기 때문에 웃음은 정의를 내릴 수가 없죠(유수열, 방송위원회 토론회, 1988).

희극은 시간과 공간 그리고 문화와 교육 수준 및 생활층에 따라 그 이해도가 달라진다……. 웃음의 요소란 그만큼 복잡하고 다양한 것이다.
　　웃음이란 각 개인의 생활 수준, 교육 수준, 지역의 특수성 등에 따라 그 이해도가 달라지거나 전혀 이해되지 않는 수가 있다……. 희극은 후천적 경험과 교양에 호소한다(이근삼, 한국방송학회 세미나, 1996).

하지만 웃음 유발 방식에 있어서는 그 보편적 요소들이 제시되기도 한다.

웃음을 발생시키는 요소에는 여러 가지가 있으나 그 중 몇 가지를 종합하면 반복, 모방, 과장, 우매, 기대, 역전, 부조화, 부조리, 연쇄 반응, 착오, 착각, 폭로를 들 수 있다(유수열, 1989: 7~8).

앞서 언급한 '웃었으면 되는 것 아니냐'는 코미디 연기자 쪽의 항변에는 이러한 웃음 발생의 보편 요소 쪽에만 인식의 준거를 둠으로써 그 특수성 쪽을 도외시하는 오류를 범하고 있다고 할 수 있다. 그러한 점에 대해 다음과 같은 비판이 제기되는 것이다.

기본적으로 텔레비전 오락이 한국 사회에서 담당해야 할 몫이 있을 텐데, 그에 대한 숙고는 없어요. 그저 서양에서든 일본에서든 한국에서든 오락은 오락일 뿐이고 만국 공통어라는 생각이 잘못되어 있다는 말입니다(김창남, 1991: 38).

6) 시청자의 이중성

오락 프로그램과 관련한 논란의 종착점에는 대개 시청자의 이중성을 원망하는 내용이 등장한다. 시청자들의 성향이 TV를 볼 때는 오락성 짙은 프로그램을 좋아하면서 정작 평가할 때는 비판만 한다는 것인데, 오락 프로그램의 개선을 위해서는 이러한 시청자들의 이중성이 먼저 시정되어야 한다는 것이다.

· 배신감
좋은 프로그램을 만들려고 하는 프로듀서들의 의지는 틀림없다고 봅니다. 그런데 좋은 프로그램이 만들어졌다고 가정할 때 시청자들이 보지 않잖아요(오수성, 1999: 12).

제작자 입장에서, 뜻깊게 만들었지만 일반적 흥미나 인기 요소가 없어 시청률이 한 자리 숫자로 머물고, 동시간대의 저급 프로그램이 전폭적인 시청률을 누리게 될 때 느끼는 허탈감, 배신감이란 말할 수 없이 크다(이연헌, 1993).

· 시청자의 이중성
대부분의 프로듀서들은 시청자의 이중성을 지적한다……. 사람들은 방송에 대하여 고급 예술이나 높은 지적 수준을 원하지 않고 자신의 개인적 편익성에 안주하면서, 누구나 반대할 리가 없는 당위적 명분에는 적극 동조하는 이중성을 갖고 있다……. 사람들이 갖는 내면적 동질성과 외면적 동질성이 다르다는 문제는 어느 경우에나 모순을 낳고 있다(이연헌, 1993: 8).

시청자의 이중성에 대한 제작 쪽의 이와 같은 항변에 대해 다음과 같은 반론이 제기되기도 한다.

위의 인용문은 시청자의 두 가지 성향 가운데…… 본심이 텔레비전의 오락성 쪽에 있다고 보고 있다. 하지만 시청자들이 공개적인 자리에서는 그런 오락적인 방송을 비판하는 성향을 보이기 때문에 방송사로서는 그런 명분을 따를 수밖에 없다는 것이다. 즉, 방송의 품위…… 교양성 등은 명분일 따름이고, 본심은 오락성에 대한 선호…… 라는 것이다……. (그런) 시청자들의 성향이 원인이 되어…… 방송사는 그런 시청자 성향과 공모 관계를 맺게 되었다는 것이다……. 인터뷰에 참여한 프로듀서들은 이렇게 말하고 있다……. 교양성과 품위를 유지하려다 보면 어느새 시청률이 떨어지게 되고, 다시 시청률을 올리기 위해서 품위 부분을 어느 정도 희생시킬 수밖에 없기 때문에…… 이렇게…… 제작진에게 재미와 품위는…… 상호 배타적인 관계에 있는 것으로 인식되고 있다. 즉, ……어느 하나의 성취는 곧 다른 하나의 희생을 통해서 가능하다는 식으로 인식하고 있다……. 사실 텔레비전에 대한 비판의 기준이 고급 문화나 언론 등의 영역에서 통용되던 것들을 그대로 이어받은 데 따른 잘못을 지적하는 사람들은 많다. 위 인용문의 논지를 (텔레비전에 적절한 기준이 적용되어야 한다는 뜻으로 이해할 때) 그것은 중요한 문제 제기임에 틀림없다. 하지만 시청자들의…… 비판 또는 반감의 표출(을)…… 위선적인 것으로 보기(보다는 그 속에) 담긴 뜻을 (전향적으로 이해하려는 자세)가 방송 발전을 위해 더 (도움이 된다)고 본다 (손병우, 1994: 119~21).

시청자의 이중성 같은 상황은 인간이 본래 이중적이거나 또는 인간들의 구성이 다층적이기 때문일 수도 있다. 하지만 시청자들이 원망스럽다고 해서 TV의 저질성이 면책되지는 않는다. 100%의 향유와 100%의 비판이 있을 수 없다면 같은 시청자가 보면서 즐기고, 논의에서 비판한다고 그게 모순된 것은 아니다. 다만 경쟁 관계에 있는 두 프로그램 가운데 저질스러운 것이 더 높은 시청률을 올리는 데 대해서는 (제작과 시청을 모두 아우르는) TV 문화의 오락 동기 우선성을 읽을 수 있다. 그러면 그 개선의 주도권은 누구에게 있을까? 시청자의 평가는 사후적인 것일 따름이므로 결국 방송 편성 및 개별 프로그램 제작을 통해 개선의 시도가 이루어져야 하지 않을까. 시청자의 이중성으로 표현되는 이 지점이 현 단계 논의의 마지막 쟁점이라고 생각된다.

4. 실현 가능한 논의의 전제

지금까지 정리된 바와 같은 논의들이 있어 왔지만 그것이 오락 프로그램의 확연한 개선으로 이어지지는 못했다. 중요한 원인으로 논의들이 산발적이고 동어 반복적이라는 점이 이 책의 문제 의식이었다. 그처럼 제자리를 맴돌아온 상황을 정리하고 앞으로 프로그램의 개선으로 이이지는 논의의 진전을 위한 매개자 역할을 하는 것이 이 책이 설정한 목표였다는 점에서 몇 가지 향후 과제를 제시하고자 한다.

1) 네거티브 패러다임의 극복

이 책에서 인용한, 12년의 시간 간격을 두고 제출된 그 동안의 논의를 볼 때 여전히 비슷한 문제를 제기하면서 시작되고 있음을 알 수 있다. 이제는 "부정적인 측면만을 강조"하지 말고(한국언론학회, SBS 후원 세미나, 2000), "나쁘다고 지적만 하지" 말고(방송위원회 토론회, 1988), "오락성을 공익성 강화의 장애물로"보지도 말며(전규찬, 2000), "오락 프로그램을 죄악시하는…… 풍토"를 바꿔 보자는 것이다(김호석, 한국방송학회 세미나, 2000).

기본적으로 TV 오락 프로그램에 대한 지금까지의 담론들은 네거티브 패러다임에 입각해 있다고 할 수 있다. 구체적인 개선 사항과 지향을 제시하기보다 잘못된 점, 최소한 어겨선 안 되는 원칙을 제시하는 경향이 강했다는 점에서 그렇다. '저질' 지적을 받는 부분들은 굳이 그 분석 항목을 체계적으로 제시하기 이전에 지적되는 사항들을 보는 것만으로도 대부분 수긍이 간다. 프로그램이 잘못되어서 그러한 것이니, 당연히 계속 지적되어야 한다. 하지만 이는 방송이 해도 너무한 수준으로 몰락하지 않게 하는 마지막 방어선으로써 의의를 갖지, 방송의 발전 방향을 제시하는 쪽의 구실을 하지는 않는다. 사회가 변하고 대중 정서가 변하고, 프로그램의 성격과 양식이 변해도 그에 구애받지 않고 늘 적용할 수 있다. 바로 같은 이유에서 저질 시비는 그런 변화에 따른 방송의 변화 방향을 제시한다거나, 장르 특성에 적합한 비평 기준이 될 수는 없다.

　앞에서 소개한 몇 가지 쟁점들은 저질 시비 이상의 논의가 아직 명확하게 정리되고 있지 못함을 보여 준다. 아직 원론 수준에 머물고 있기 때문에 실제 개별 프로그램 제작에 기여하기가 어렵다. 가끔씩 마련되는 제작진과의 토론에서도 늘 느껴지는 상호간의 커뮤니케이션 단절의 원인이 여기에 있지 않나 싶다. 즉, 제작진의 언어와 비평가의 언어가 아직 다르기 때문이라고 생각한다.

2) 시범적 구상

첫째, 제작에 반영이 될 수 있는 비평과 논의가 이루어져야 한다. 제작자의 관심은 이런 것이다. "철학이 있는 웃음……, 그러한 소재는 사회 전반 ……에 있겠지만 실질적으로 제작자 입장에서 느끼는 것은 이야기 속에 연기나 연출이 용해될 수 있는 웃음이 되어야 한다는 것입니다"(유수열, 방송위원회 토론회, 1988). 토론회 녹취록임을 감안하고 의역하자면, 제작자들도 원론 차원에서 뭐가 좋은지는 알지만 그것을 프로그램으로 실현시킬 수 있는 방안이 있어야 하지 않겠느냐는 말이다.

　가령 당장 제작에 반영될 수 있는 지적으로써 "자막 하나도 성의 있게 해야 되는데 외래어 표기가 '파이팅'으로 통일되어 있는데도

군이 '화이팅'이라고 쓰는 프로듀서가 아직 있다구요." 또, "형식의
창의성을 좇는 프로듀서…… 포맷을 개발하는 프로듀서를 칭찬"하는
비평이라면 이는 제작자들과 소통 가능한 언어의 한 예가 될 것이다
(주철환, 1999).

　　단순히 말해서 방송 기사와 모니터 보고서들은 프로그램의 내용
에 대해 지적하고, 그 프로그램의 사회적 영향에 대해 평가하는 성
격을 띠었고, 같은 맥락에 있되 그것이 좀더 섬세하게 승화되면 일
종의 비평이 되었다고 볼 수 있다.[2] 그래서 좋은 경우, 제작진에게
반성의 계기가 되었을 수는 있어도 프로그램 수준 향상을 위한 통찰
을 제공하는 계기가 되기는 어려웠을 것이다.

　　둘째, 프로그램 장르, 특별한 경우 구체적인 제작 담당자, 그리고
기존 논의의 계보를 인식한 평가와 논의가 이루어져야 한다. 많은
경우 방송 담당 기자들이 관심을 갖는 사항은 대개 특정 프로그램의
인기 요인에 대한 것이다. "<첫사랑>의 높은 시청률 요인이 무엇인
가," "<허준>의 인기 요인은 무엇인가," "요즘 시트콤이 확산되고
있는 이유는 무엇인가," "목표 달성 프로그램들의 확산 요인은 무엇
인가" 등등이다. 그리고 그에 대한 진단은 대체로 결과론적이다. 하
지만 그러한 결과론적 진단의 요소들을 똑같이 갖고 있다 해도 흥행
에 성공하는 프로그램과 실패하는 프로그램은 늘 갈려 왔다. 가시적
인 요소 차원에서 동일성을 보인다 해도 프로그램별로 평가가 달리
내려져야 하는 이유가 바로 거기에 있다. 예컨대 특정 시기에 시트
콤의 확산 요인을 단편적으로 진단한다 해도, 그 이전까지 시트콤
장르가 여러 차례 부침을 거듭해 온 데 대해서는 그러한 진단이 아

---

2. 사실 방송 비평에는 방송을 지향하기보다 문화적 변화의 징후를 읽어 내는
텍스트로 프로그램을 활용하는 경우, 또 프로그램을 매개로 현대 문화에 대해
논의하는 비평도 있다. 이는 매우 중요한 비평의 한 영역이 된다.

무런 설명력을 갖지 못한다.

　이런 잘못은 평가와 논의가 개별 프로그램에 국한하여 이루어지거나 아니면 정반대로 그 프로그램이 아니더라도 어디에나 적용될 수 있는 일반론으로 흐르기 때문이다. 그래서 특정 프로그램이나 장르에 대해 지금 내려지는 평가가 5년 전, 10년 전, 혹은 20년 전의 것과 아무런 차이를 보이지 않게 되는 것이다. 프로그램의 수준에 변화가 없기 때문이라고 하더라도, 과거의 유사한 상황을 고려한 평가를 내린다면, 그 논의의 수준은 다른 것이 되지 않겠는가.

　여기서 제안하고자 하는 계보학적 맥락에 입각한 논의는 대충 이렇다. 작가의 (현실) 인식, 그의 다른 작품, 동일 장르 안에서 특정 프로그램이 차지하는 종적이고 횡적인 위치, 기존 논의의 맥락, 그리고 여기에 방송사적 위치, 산업적 측면이나 기술적인 측면들도 논의 주제에 따라서 중요하게 고려될 수 있을 것이다. 이렇게 특정 프로그램이 연계된 계보를 파악한 위에 특정 사항들에 대하여 구체적인 분석이 이루어질 때, 전문 비평과 아마추어 비평의 구분도 가능해질 것이고, 세직진과의 소통이 가능한 비평이 되리라고 본다.

　셋째, 제작진과 대화가 되는 비평의 장이 마련되어야 한다. 이는 비평가들의 지면을 뜻하는 게 아니다. 다른 외적 요인에 의하지 않고 논의의 내용 그 자체로 수용되고, 공통의 언어로 토론될 수 있는 장이 있어야 한다는 말이다. 지금은 어떤가? 거의 전적으로 신문 지면의 방송평이 유일한 평가자의 역할을 맡고 있다. 그런데 방송 담당 기자의 똑같은 글이 신문이 아닌 다른 지면에 실려도 같은 비중과 영향력을 갖게 될지에 대해서는 의문이다.

　　실제로 현업자에게 영향력을 행사하는 평가자…… 영향력 3위는, 아마도 신문사의 방송평이 아닐까? 오히려 2위일지도 모른다. 방송사 중역들이 20대

후반의 신문사 문화부 초년 기자들을 옆에 못 앉히고, 술을 못 사 줘서 안달이던 때가 많았기 때문이다. 잘된 건 '써 달라'고, 잘못된 건 '막아 달라'고……(정훈, 1991: 24).

사실 많은 평들이 인상기에 그치고 있는 것 같아요. 하지만 일단 어떤 일간 신문 같은 데 그런 평들이 기사화되면 그것으로 끝나지 않아요. 아침마다 사장님부터 우리 집사람까지 다 보는데 그렇게 되면 영향을 받지 않을 수가 없다구요(김승수, 1991: 32).

이처럼 다른 권력 요인 때문에 마지못해 두려워하는 경우와 달리, 실질적인 대화와 공감이 교류될 수 있는 장이 필요하다. 제작진과 다른 언어로, 프로그램에 대한 계보적 맥락을 무시한 채, 비평의 내용보다 그것이 실리는 지면의 위력에 편승하여 이루어지는 논의에 대해서 제작진은, 그것이 호의적인 것이면 잠시 기분 좋으면 그만이고, 그것이 비판적이면 '알지도 못하는 주제에'라고 냉소하고 말면 되지 않겠는가. 물론 그 속에도 담겨 있는 뭔가 도움이 될 부분을 찾는 프로듀서도 있겠지만 말이다.

2

코미디의 특성: 표현과 정신

코미디 장르의 가장 큰 특징은 그 형태가 아주 다양하다는 것이다. 이 장에서는 그 가운데 가장 핵심적인 요소로서 표현상의 특징과 그러한 표현들을 통해 구현되는 코미디의 기본적인 정신에 초점을 맞추어 정리하였다.

1. 코미디의 기반

1) 일상 생활

코미디의 정의를 살펴보면 코미디의 특성을 규정하기 위해 여러 요소들이 등장한다. 그 가운데 가장 핵심적인 요소가 '일상 생활'이다. 닐과 크루트니크가 살펴본 바에 따르면 코미디의 특성을 규정하는 데 동원되는 요소들 가운데 '웃음'은 부차적인 것으로만 인식되고 있을 뿐이다(Neal & Krutnik, 1990). 웃음을 목표로 하는 코미디가 있는가 하면 울음을 유발시키려는 코미디도 있고, 또 코미디가 아니면서 웃음의 계기를 포함하는 장르도 많다. 그래서 웃음이 코미디를 규정하는 충분 조건은 되지 못한다고 볼 수 있다. 이들은 코미디를 규정하는 핵심 요소로서 일상 생활을 거론한다.

그래서 코미디의 등장 인물은 주로 중하류층이다. 일상적인 삶과 연결되기에는 상류층보다 중하류층이 더 잘 어울리기 때문이다. 상류층은 일상적인 삶의 국면보다는 공식적이고 극적인 소재와 더 잘 조응한다고 보아 왔기 때문이다. 간혹 상류층이 코미디의 소재가 될 경우에도 그들의 거창한 사업이나 공식적인 행태가 내용이 되는 것은 아니고, 사소한 사적인 국면들이 다루어진다.

어째서 코미디는 일상 생활의 사소한 국면들과 잘 조응하는가? 그 까닭은 일상 생활이 논리적이기보다는 오히려 혼란스럽고, 사소한 사태가 다양하게 발생하는 탓에 인간의 상호 작용 양상이 거의 예측 불가능하다는 점에 있다. 그러한 예측 불가능하고 다양한 삶의 국면들은 그 구성원들로 하여금 복잡한 곤경에 빠진 경험을 갖게 했을 것이고, 그러한 보편적인 체험들이 코미디의 자원이 되었기 때문이다. 그래서 히멜슈타인은 "코미디는 어느 시대에나 그것이 생산되는 사회의 즉각적인 삶의 조건들에 말을 건넨다"고 말한다(Himmelstein, 1994). 즉, 코미디가 당대의 삶의 조건들을 표현의 자원으로 삼고 있다는 뜻이다.

코미디는 지극히 현실적인 것을 추구하는 장르이다. 현실의 가장 구체적인 양상인 일상 생활의 잡다한 국면들을 그 표현의 자원으로 삼아, 가장 폭넓은 공감대를 기반으로 한다.

2) 합리성

코미디는 그 수용자들에게 웃음과 같은 격렬한 감정을 체험하게 하는데, 그것이 가능하려면 코미디가 표현하고 있는 상황에 대한 광범한 공감대가 전제되어야 한다. 그리고 그 코미디가 바로 자신이 살고 있는 당대 현실을 대상으로 하고 있음을 수용자들이 이해할 수 있어야 한다. 코미디가 다양한 양식으로(흉내내기, 과장, 풍자 등) 표현하는 그 준거를 공유하지 않는 수용자는 결코 코미디에 대해 즉각적인 감정적 반응을 나타내 보일 수가 없다. 그래서 코미디는 지극히 문화적인 장르이고, 합리성에 기반을 둔 장르라고 할 수 있다.

여기에 대해서는 리바키와 리바키가 잘 설명하고 있다(Rybacki & Rybacki, 1991). 코미디를 보고 사람들이 웃는 반응을 보인다는 것은 그들이 이미 그 사회의 보편적인 규범이나 기대 양식에 대하여 알고 있음을 전제로 한다. 그러므로 "코미디를 얼빠진 짓이나 얼토당토 않은 장르로 보는 것은 코미디에 대한 대단한 오해에서 비롯된 것"이라고 할 수 있다. 오히려 코미디는 당대 사회에 대한 고도의 이해에 기반하고 합리적인 판단 능력을 갖추어야 비로소 즐길 수 있는 장르이다.

2. 코미디의 표현: 현실 비틀기

그런데 코미디는 그러한 당대의 일상적 현실을 평범한 방식으로 표현하지 않는다. 코미디 표현의 가장 핵심은 현실에 기반을 두되 그 현실을 비튼다는 데 있다. 여기서 비틀기는 표현 양식상의 특성이 되기도 하면서 동시에 코미디의 기본 정신이 되기도 한다. 즉, 코미디는 현실의 인간 관계와 정서를 반영하지만 왜곡 *disguise* 하기도 한다. 코미디의 그 왜곡 메커니즘은 마치 잠재몽 *latent dream* 이 발현몽 *manifest dream* 으로 되는 과정에서 빚어지는 꿈 작업 *dream work* 에 비견될 수 있다. 즉, 가장 현실적인 발언을 하면서 그로 인한 초자아 *superego* 의 검열을 회피하는 방책으로 직설적인 표현이 아닌 둘러 가는 완곡 어법을 사용하는 것이다. 그래서 코미디의 표현은 대개의 경우 표층의 표현과 심층의 의미 사이의 상위相違를 초래한다. 이런 점에서 볼 때 역설*paradox*과 반어법 *irony*은 코미디의 표현 양식과 가장 친화적인 용어라고 할 수 있다.

1) 슬랩스틱

슬랩스틱 *slapstick*은 원래 16~8세기의 이탈리아 코미디에서 사용된 batte라 불린 도구를 뜻하는데, 평평한 나무 조각을 묶어 놓은 것으로, 사람을 때릴 때 소리만 크게 났다고 한다.[1] 코미디 양식으로서 슬랩스틱은 과격하고 익살스런 행동, 육체적 코미디를 뜻한다.

　　슬랩스틱 양식은 인간의 몸 동작을 통해 의미를 전달하면서, 그 몸 동작을 평범하지 않은 과격한 방식으로 변형했다는 점에서 '현실 비틀기'에 해당한다. 그런데 슬랩스틱은 그렇게 몸 동작을 과격하게 변형하기 때문에 기본적으로 어떤 존엄성이나 자존심보다는 그 정반대의 가치를 드러내었다. 가령 허영심이나 속물 근성, 자만심 등과 같은 위선적인 요소들에 대한 공격이 그 주된 표현 내용들이었는데, 따라서, 슬랩스틱은 대중적 가치를 대변하는 표현 양식이었다.

2) 흉내내기: 묘사와 패러디

흉내내기는 인간의 흥미를 돋우는 데 널리 채택되는 방식이다. 동물의 묘사와 인물 묘사에서 다른 예술 분야의 표현 양식에 이르기까지

---

1. 채플린과 더불어 무성 영화 시대 코미디 영화의 대표자인 버스터 키튼 Buster Keaton의 증언에 의하면, batt를 슬랩스틱이라고 부르기 시작한 것은 19세기 말 후디니 Houdini 서커스에서라고 한다.

흉내내기의 영역은 광범하다. 슬랩스틱 연기도 따지고 보면 인간 행동 양식의 변형된 흉내내기의 범주에 든다. 흉내내기에서 변형이 가능한 것은 기본적으로 어떤 대상에 대한 인간의 인식이 고정 관념 형태를 띠기 때문이다. 즉, 단순화된 틀로 대상의 특성으로 대상을 파악하고 있기 때문에 그 단순화되고 고착화된 특성을 대신하면 그것이 흉내내기가 된다. 그래서 흉내내기는 기본적으로 변형의 성격을 띤다.

예술 양식과 관련해서 이루어지는 코미디의 흉내내기를 흔히 패러디 *parody* 코미디라 부른다. 패러디는 사물의 묘사와는 다른 차원의 흉내내기이다. 패러디가 흉내내는 대상은 예술 양식과 규범 그 자체이다.[2] 즉, 표현 예술에서 채택하고 있는 미학적인 관습들이 코미디에서 모방되는 동시에 변형이 이루어지고, 그 변형이 보는 사람에게 재미를 불러 일으킨다. 또한 재미를 주는 데 머물지 않고 그 미학적인 관습에 대한 공격이 이루어진다. 우리가 의심하지 않고 용인해 온 예술 양식을 변형하여 흉내냄으로써 우리에게 그 양식의 고착성을 의심하게 하는 것이다.

그러므로 패러디의 대상은 역시 누구나 알 수 있을 법한 당대의 보편적이고 만연한 것이어야 한다. 패러디의 대상을 수용자가 미리 알고 있지 못할 때, 그 흉내내기에서 이루어진 변형 요소 또한 알 수 없는 것은 자명하고, 그 경우 패러디에서는 아무런 재미와 의미를 얻을 수 없다.

그러므로 패러디 혹은 흉내내기의 기반 또한 그 시대의 가장 익숙한 현실이지만, 그 방법은 현실의 비틀기이다.

---

2. 폴라드는 패러디와 알레고리, 그리고 패러디와 풍자를 비교하는데(Pollard, 1970), 그 내용은 패러디의 양식상의 특성을 이해하는 데 도움이 된다.

3) 3단계 개그

개그 *gag* 의 정의에 대해서는 설이 분분한데,[3] 닐과 크루트니크는 그 특성을 "즉흥적인 삽입 *improvised interpolation*"으로 규정한다. 가령 연기 진행 도중 갑자기 미끄러져 넘어진다거나, 처음에는 웃고 넘겼다가 곧이어 말뜻을 깨닫고 깜짝 놀란다거나(*double-take*), 속에서 치밀어 오르는 분노가 서서히 달아오르는 표정 변화(*slow burn*) 등과 같은 코믹 효과들이 개그에 해당한다. 가령 <개그 콘서트> "700 오 병팔이" 코너에서 전화 안내원인 이병진의 도입부 연기를 예로 들 수 있다. 이런 것들이 일회적인 개그 *momentary single gag* 라면, 상황이 연결된 접합 개그 *articulated gag* 는 그러한 코믹 효과들을 복합적으로 연결시킨 것이다. 가령 1993~4년 <웃으면 복이 와요>에서 했던 "트로이카 탕탕탕"이나 최근 <개그 콘서트>의 "바보 3대," "작전 명령" 등이 이런 3단계 개그 *triple gag* 의 전형적인 구조를 축약시켜 놓은 예로서 여기에 해당한다.

연결 개그의 3단계 구조는 일련의 연결된 행동들이 종국에 가서 놀라운 변용을 이끌어 내는 데 특징이 있다. 즉, 하나의 사건 또는 상황이 소개되고, 이어서 그 사건이나 상황이 반복되며, 마지막에 가서 지금까지의 진행으로 볼 때 예상하지 못한 반전이 이루어진다. 이 3중 구조를 도식화하면 이렇다.

첫 번째 개그 → 역전 혹은 반복 → 새로운 역전

---

3. 개그는 흔히 말로 하는 농담과 익살 *verbal jokes and humor* 을 지칭하는 데 사용하지만, 논자에 따라서는 그 정반대로 비언어적 코믹 연기 *non-linguistic comic action* 로 규정하기도 한다. 전자는 밥 호프 Bob Hope 나 돈 윌메스 Don Wilmeth 등의 정의이고, 찰스 바나 여기서 참조하고 있는 닐과 크루트니크의 논지는 후자의 정의에 해당한다(Barr, 1967; Neal & Krutnik, 1990: 51~7에서 재인용).

첫 번째와 두 번째 진행은 당대의 상투적인 행태 또는 상황을 보여 줌으로써 보는 사람에게 일정한 기대감을 갖게 하는데, 마지막 단계에서는 예상치 못한 행태 혹은 상황의 변용이 이루어짐으로써 보는 사람들의 폐부를 찌르는 놀라움을 유발시킨다.

이러한 개그도 역시 현실 상황 혹은 정서에 기반하면서 마지막 펀치 라인에서 그 현실을 비틂으로써 재미와 동시에 일정한 깨우침을 준다. 그 세 번째 단계의 변용이 얼마나 큰 놀라움을 불러일으키느냐 하는 것은 앞의 첫 번째과 두 번째 단계에서 얼마나 당대 현실의 상투성에 근접하느냐에 달려 있다.

4) 말장난과 재담

프로이트에 의하면 농담은 3단계로 수준이 구분된다(Freud, 1905). 첫 번째 단계에서는 말 그 자체를 가지고 노는 것이 쾌감을 준다. 이 때 그 말의 의미는 그 쾌감에 개입하지 않는다. 가령 한국 코미디의 역사에서 그 예를 찾자면 1970년대 코미디언 이기동의 "쿵따라닥닥 삐약삐약" 같은 것을 들 수 있다. 이 말은 그 자체로서는 아무 의미도 전달하지 않지만 그 발음이 갖는 리듬감이 삶의 혹은 언어 생활의 긴장감을 해소해 준다는 이유만으로 쾌감을 준다.

두 번째 단계는 재담 *jest* 이다. 재담은 단순한 놀이 수준을 넘어 거기에 일정한 의미가 담기지만 어떤 공격적 의도가 개입되지는 않는다. 동음 이의어나 말실수 그리고 장광설 등을 재담의 한 형태로 볼 수 있다. 동음 이의어나 말실수는 정상적인 이야기의 진행을 한 순간 다른 방향으로 전환시킬 수 있다. 이 때 앞의 말과 비슷한 다른 말을 찾아낼 때, 혹은 애초 하고자 한 말을 실수로 잘못 발음할 때, 그러한 앞뒷말의 어긋난 연결은 당시 대중들의 정서가 무의식적으로 작용한 실수라고 할 수 있다. 즉, 동음 이의어나 말실수에 이미 현실이 반영되어 있는 것이다.

마찬가지로 장광설은 대부분의 경우 심각한 의미를 담고 있지 않다. 다만 그 자체로 쾌감을 주기도 하지만, 그러한 무질서한 언어 행위는 합리성의 혼란, 언어 자체의 해체 상황을 반영하고 또 그러한 상황에 대한 논평이 될 수 있다.[4] 이런 코미디를 스크루볼 코미디 *screwball comedy* 혹은 궤변 희극 *sophiscated comedy* 이라고 한다.[5]

세 번째 단계는 의도적인 농담이다. 여기에는 풍자와 음담패설이 있는데, 기존의 억압 체제에 대하여 저항하고자 하는 욕망이 깔려 있다. 이것들은 적대적인 것에 대한 공격, 금지된 것의 드러냄과 같은 목적과 효과를 갖는다.

이렇게 여러 형태의 말장난 역시 현실에 기반하고 있고(그것이 사회 현실일 수도 있고 말의 현실일 수도 있다), 그 현실에 대한 비틀기를 기본 성격으로 한다.

지금까지 코미디의 표현 양식을 대략 네 가지 범주로 나누어 살펴보았는데, 그 기본 특성은 단순화와 과장이라고 할 수 있다. 슬랩스틱, 흉내내기, 3단계 개그, 말장난과 재담 등이 모두 그러한 특성

---

4. 한국 코미디에서 예를 들자면, 1991~2년 방송된 <한바탕 웃음으로> "봉숭아 학당"에 나오는 맹구의 '문맥 혼란,' <코미디 전망대> "시사 전망대"와 <웃으면 좋아요> "레일맨"에서의 '문맥 비약'과 1993년 <웃으면 복이 와요> "두 석"의 '현학적 장광설,' <개그 콘서트>의 사바나 추장의 주문, 수다맨과 연변 총각의 암송과 허풍, "청년 백서"의 박준형과 박성호의 숨이 끊어질듯한 구령, <코미디 하우스> "허무 개그"의 '소통 거부' 등을 들 수 있다. 이런 언어 관련 코미디들의 사회적 의미에 대한 해석 사례들은 이 책의 3장(1. 풍자 이전 2) 말의 쾌감 부분)을 참조하라.

5. 엘리스는 이 둘을 구분한다(Ellis, 1975). 전자가 사회의 혼동상을 표현한다면, 후자는 언어의 해체 자체를 대상으로 하는 것으로 본다.

을 띠고 있다. 이 표현 양식들은 익숙한 현실, 통념 등을 변형시키는 작업을 행하는데 그 방식이 현실을 단순화하게 만들고 과장되게 표현하는 것이다. 그 변형의 결과물이 비현실적인 것이 될 따름이지, 출발점은 현실이다. 그러므로 그 변형된 비현실은 현실을 이해하고 그것이 변형되었음을 판별할 수 있는 지극히 합리적인 메커니즘을 통해서만 수용될 수 있다. 따라서 코미디의 왜곡, 즉 과장과 단순화를 그 결과물의 비현실성으로 평가되어서는 안 된다. 코미디에 대한 평가는 코미디가 행하는 왜곡 작업에 대한 더 세심한 고려에 기반해서 이루어져야 한다.

3. 코미디의 정신: 공격성과 자각

코미디의 다양한 표현 양식들은 그 자체로 독립된 것이 아니다. 언제나 어떤 의미 혹은 기본적으로 추구하는 정신이 그 바탕에 깔려있다. 가령 흉내내기가 그것 자체로서 흥미거리가 되지만, 거기에 그치면 그것은 '흉내내기'일 뿐이지 코미디의 지위를 얻을 수는 없다는 말이다.

1) 내집단과 외집단의 충돌

코미디가 현실에 기반해서 그 현실의 일상적인 삶을 표현한다고 했는데, 그 표현 방식에 있어서 코미디는 다른 장르와 구별되는 현실 변형의 특성을 보여 준다. 코미디가 기반한 현실은 때로는 위압적이고 때로는 불합리해서 그것을 있는 그대로 인식하는 데에는 마치 정신병 환자가 자신의 병원病源 지점에 접근하는 데 저항하듯이, 일정한 거부감이 동반된다. 그래서 코미디는 현실의 일상사를 표현하되 그것을 정반대 모습으로 변형시키므로 우리에게는 익숙한 상황과 아주 낯선 상황이 대비되게 된다. 그 결과는 익숙해서 당연시해 온 상황에 대한 객관적인 깨달음이다.

히멜슈타인은 '내십단—외집단 ingroup-outgroup' 코미디에 대한 실비아 모스의 논의를 소개하는데(Moss, 1965), 모스는 1960년대에서 1990년대에 이르는 미국 사회의 변화와 코미디에서의 내집단의 성격 변화 사이의 관계를 추적한다.

여기서 얘기하는 외집단은 당대 사회를 구성하는 일반적인 성격의 집단을 뜻한다. 그에 반해 내집단은 소수의 특이한 집단인데, 이두 집단 사이의 '관습의 충돌'에서 빚어지는 여러 사건들을 재미의 원천으로 삼는 코미디들이 있다.

시대가 흐르면서 이런 코미디들에 등장하는 내집단의 성격이 변화를 보인다. 1960년대에 <몬스터 가족 The Monsters>이나 <아담스 패밀리 Adam's Family>에는 사회의 기본적인 가치 체계와 전혀 다른 모습을 하고 있는 초자연적이거나 아니면 사회 부적응자 가족이 내집단으로 등장하지만, 1970년대 후반에서 1980년대 들어서면서 그 내집단은 정상적인 가정이 된다. 하지만 <올 인 더 패밀리 All in the Family>에서 보이듯이, 가정의 어른들은 성숙하고 지적인 화이트 칼라지만 그들은 오히려 '고지식한 멍청이'로 취급을 받고, 아이들은 영악하다. 여기에서 아버지는 가장 주요한 조롱의 대상이 된다. 가족에 대한 통제력을 상실한 가장이 등장하는 이런 전환은 사회 변화에 따른 가족 내의 역할 변화를 반영한다.

56

1980년대 후반에서 1990년대 초에 이르면 다시 그 가정의 모습이 변하는데, 이 때 주로 등장하는 계층은 블루 칼라다. <로잔느 아줌마 Roseanne>나 만화 <심슨 가족 The Simpsons>에서 볼 수 있듯이 가족의 행복의 이미지는 더욱 침식되어 있다. 부모는 여전히 자식들로 인해 골치를 썩고, 도달할 수 없는 지위에 의해 고통받고, 사회 경제적 주변성으로 인해 정치적으로는 모호한 의식을 지니고 있으며, 의지할 곳 없는 무력함에 침윤되어 있다(Himmelstein, 1994: 118~9 참조).

코미디에 대한 이와 같은 '내집단-외집단' 범주에 입각한 논의에서 알 수 있는 것은 코미디가 기본적으로 현실의 반영이면서 현실의 왜곡을 행하고 있고, 그 왜곡은 현실 인식을 위한 일종의 방편이라는 사실이다. 우리가 비정상적이라고 생각할 법한 내집단을 설정하여 그들의 행태를 통해 평소 정상적이라고 생각해 온 외집단의 모습을 비춰 보여 주는 것이다. 그리고 그것은 곧, 우리 자신의 모습에 대한 자각이 된다.

2) 농담의 삼각 구조

'내집단-외집단' 코미디가 현실의 왜곡된 반영을 통해 역설적으로 현실을 자각하게 하는 방법을 구사한다면, 농담 joke 은 더 적극적으로 현실에 대한 공격적 양태를 띤다.

다시 프로이트를 참조하자면, 농담은 기본적으로 세 사람을 구성 요소로 한다. 물론 이 때 등장하는 사람은 셋이 아니고 둘일 수도, 하나일 수도 있다. 중요한 것은 이 세 사람의 역할이다. 첫 번째 사람은 공격자이다. 두 번째 사람은 첫 번째 사람에게 공격을 당하는 사람이다. 그리고 세 번째 사람은 듣는 자로서 첫 번째 사람과 공모자다. 그들의 공모 관계는 두 번째 사람에 대한 첫 번째 사람의 공격 때문에 저절로 터져 나오는 두 사람의 웃음으로 확인된다. 이때 두 번째 사람, 즉 공격 대상이 성적 대상일 경우 첫 번째 사람의 공격은 그 사회에서 금기시하는 음담패설일 것이고, 공격 대상이 강자(권력의 소유자)일 경우 그 공격은 풍자가 될 것이다.

농담을 이렇게 삼각 구조로 파악하면 코미디의 즐거움의 핵심이 어디에서 연유하는가를 깨닫는 데 아주 유용한 기반을 제공받게 된다. 앞서 얘기한 공모 관계에 있는 첫 번째 사람과 세 번째 사람의 웃음은 금기되는 것, 곧 억압의 틀을 벗어 던지는 시도의 기쁨에서 비롯된 것이다. 그러므로 코미디의 즐거움이란 강자에 대한 공격을 기본 정신으로 갖고, 그것을 당사자(강자)에게 눈치 채이지 않도록(그래야 표현의 자유를 억압당하지 않을 테니까) 변형하여 표현하는 데에서 비롯된다고 할 수 있다.

이 삼각 구조를 텔레비전 코미디 상황에 대입시켜 보면 흥미로운 구도를 얻게 된다. 첫 번째 공격자는 코미디 연기자들이다. 두 번째 공격당하는 자는 부재 하는 혹은 다른 대상에 의해 대신되는 권력 혹은 억압 체제라고 할 수 있다. 세 번째 공모자는 시청자들이다. 연기자들은 다른 대상을 공격함으로써 시청자들에게 재미를 준다. 그 대상은 그 사회에서 금기시 하고 있는 가장 추상화된 관념의 장벽일 수도 있고, 구체적으로 특정인 혹은 특정 사건일 수도 있으며, 여러 대중 문화 장르들의 미학적 차원에서의 고정 관념일 수도 있다.

코미디의 이와 같은 삼각 구조에서 만일 첫 번째 사람이 약자나 공모자를 공격 대상으로 설정하게 되면 일단 세 번째 사람, 즉 시청자들의 웃음을 불러일으키기는 어렵다. 코미디가 실패했을 때 그 원인을 살펴보면 이런 공격 방향을 잘못 설정한 경우가 대부분이다.[6]

6. 가령 어떤 코미디 연기가 장애인을 연상시킨다면 그것은 웃음을 주기보다

3) 위반과 공격성

코미디 표현상의 기본적인 지향은 위반 *transgression* 이고, 그 동기이자 효과가 공격성 *aggressiveness* 이다. 즉, 코미디에서 위반과 공격성은 순환 고리로 연결되어 있다. 코미디에서 위반 대상은 제한되지 않는다. 일상 생활의 고정된 행동 양식이나 삶의 방식에서부터, 사회 체제와 정치 권력, 고착된 가치 체계, 나아가 미학적 기준에 이르기까지 광범하다. 코미디에서는 이 모든 기존 체계를 위반하고 공격한다.

그 위반을 담당하는 대행자는 다양한 모습으로 등장한다. 가장 대표적인 경우가 열등한 존재이다. 사회 부적응자, 순박한 사람, 바보, 운수 나쁜 사람, 그 지역을 방문한 이방인 등이 그러한 역할을 하는데, 이들이 그 사회의 관습에 익숙하지 않아서 벌이는 실수와 소동 즉, 내집단과 외집단의 상충이 웃음을 불러일으킨다. 시청자를 포함한 그 사회 성원들이 익히 알고 있는 관습과 약호를 그 등장 인물은 모르기 때문에, 그들이 범하는 실수는 시청자들에게 우월감을 느끼게 해 주고 이 점이 그 웃음의 근원이 된다.

하지만 코미디에서 그러한 우열 관계는 곧 뒤집힌다. 그 열등한 등장 인물이 저지르는 실수는 그가 열등하기 때문이 아니라 우리가 살고 있는 사회가 잘못되었기 때문임을 자각하게 한다. 더 나아가 잘못된 사회의 근원을 추적하는 과정에서 그 등장 인물은 곧 우리 자신의 표상이 된다. 우리 또한 그 사회의 잘못된 가치 체계, 위계 질서, 행동 양식을 부여받는 존재이기 때문이다.

이렇게 코미디는 그 동안 우리가 당연하게 생각해 온 규칙들에 대한 위반을 행함으로써 기존 체제의 억압성을 자각하게 하고, 그에 대한 사람들의 전복적인 열망을 표출시키는 계기이자 상징적 응집체

애절함이나 분노를 불러일으킬 수 있다.

가 되는 것이다. 그래서 캐스린 로 같은 연구자는 코미디의 두 가지 특성을 반권위주의 *antiauthoritarianism* 와 사회 변화의 추동력 *an impulse toward social transformation* 으로 들기도 한다(Rowe, 1995).

코미디의 그러한 공격성은 코미디의 역사에서 줄곧 이어져 온 코미디의 본질에 해당한다고 할 수 있다. 히멜스타인이 정리한 바에 따르면, 기원전 4세기 아리스토파네스 시대의 농담이나 풍자 등은 당대 사건을 비판하다가 종내는 그 갈등을 성공적으로 해결한 인물들 사이의 동맹을 축하하는 합창으로 이루어진 운문이었다고 한다. 로마 시대의 코미디는 자연스러운 사물의 질서를 드러내는 — 가령 남녀의 사귐과 출산을 부모나 방해꾼들이 간섭하거나 훼방 놓는 — 내용을 통해서 사회의 불합리를 조롱했다고 한다. 중세 코미디는 종교적 어조를 띠기는 했지만 광대를 등장시켜 인간의 나약함을 놀리는 경향을 띠었고, 르네상스기의 코미디는 중산 계급의 탐욕성과 사회 전반의 염치 결여 등에 비판의 초점을 맞추었다고 한다. 19세기 후반 빅토리아 시대에 들어서 코미디는 인위적인 계급 구분과 그에 조응하는 허위적인 예절 양식들을 폭로하는 난센스가 등장했고, 20세기 들어서는 코미디의 거장들을 통해 산업화된 사회 질서와, 그에 의한 인간 사이의 갈등에 초점을 맞춤으로써 사회 비평의 도구가 되었다 (Himmelstein, 1994).

이처럼 코미디의 역사는 그 본성이 억압에 대한 저항, 그 도구로서 제도로부터의 탈선 *digression* 과 위반, 그것을 행하는 체제에 대한 공격 등임을 알려 준다. 이런 의미에서 코미디는 기본적으로 약자의 담론 *the discourse of the loser* 으로 보아야 할 것이다.[7]

---

7. 체스브로(Chesebro, 1979)가 코미디의 다섯 가지 전략을 분류하면서 반어적 전략에서 얘기한 약자의 수사학 *the rhetoric of the loser* 이란 용어를 이 논의의 맥락에 맞춰 원용하였다(Himmelstein, 1994: 116~8에서 재인용).

3

풍자 바깥의 코미디

풍자 이전

코미디가 지향하는 최상의 가치, 도달하고자 하는 최고의 목표를 풍자로 보고, 아직 거기에 이르지 못한 텔레비전 코미디를 풍자 이전에 놓인 것으로 보았다. 풍자하지 못하는 코미디 혹은 풍자에 미흡한 코미디의 존재 위치는 풍자 이전으로 규정할 수 있겠다.

코미디를 사회와의 관계 속에서 이해할 때, 풍자에 도달하는 정도를 가지고 그 코미디의 수준과 성취를 평가하는 척도로 삼을 수 있다. 코미디와 사회의 관계는 세 가지로 설정할 수 있다. 코미디에 대한 사회의 영향, 사회를 반영하는 코미디, 그리고 사회에 대한 코미디의 작용 혹은 대응이다. 이 가운데 마지막 관계인 사회에 대하여 코미디가 어떤 대응을 하는지, 순응인지 동원인지 저항인지. 이런 관점에서 텔레비전 코미디의 현실을 진단하자면 그것은 아직 풍자 이전의 자리에 놓여 있다.

풍자 너머

코미디의 가치가 단지 풍자뿐이겠는가? 그것이 유일한 가치는 아니라 하더라도 코미디의 가치에 위계가 있다면 그 가장 높은 자리에 풍자가 놓였을 것이라는 점이 텔레비전 코미디를 쭉 보아 오면서 늘 들었던 의문이다. 풍자를 지향하되 풍자에 이르지 못한 것과 풍자를 지향하지 않기 때문에 풍자하지 않는 것은 다르다. 풍자 이전의 코미디에 어떤 미흡함, 열등함의 강박감이 배어 있다면, 풍자 너머의 코미디는 기존 질서를 넘어서는 무엇을 함유한다. 물론 너저분함도 함께 있다. 텔레비전 코미디는 어느새 풍자 범주를 휙 비껴 가 버렸는데, 그 현 단계가 산뜻하지 않다. 나쁜 쪽으로 말하자면 '더러운 오락 *dirty entertainment*'이 되어 있고, 좋은 쪽으로 본다 해도 '거북한 희망 *unpleasant hope*'이랄까. 이 책에 제시된 예들은 텔레비전 코미디가 풍자를 넘어 가고 있음을 보여 주는 것들이다.

1. 풍자 이전

1) 코미디와 사회

(1) 코미디와 사회, 혹은 억압에 대한 저항의 승화

코미디 비평은 하면 할수록 어렵다. 논의가 계속 진전되려면 대화가 이루어져야 하는데 텔레비전의 여러 장르 가운데 유독 코미디 부문은 말을 받아 주는 사람이 없다. 내가 코미디 장르에 관심을 갖고 '뺑이야의 욕망'이라는 글을 쓴 때가 1991년 2월인데 지금까지 거의 독백을 해오다시피 하고 있다. 물론 그 사이에도 코미디를 비난하거나 혹은 정반대로 코미디 연기자를 경배하는 기사들은 있었다. 하지만 이것들은 코미디 장르 자체에 대한 탐구와는 거리가 멀다. 말하자면 우리 사회에서는 아직도 코미디가 진지한 논의의 가장 주변부로 밀려나 있는 것이다. 이렇게 논의가 제자리걸음을 하는 동안 코미디는 쉬지 않고 제작되었고, 시청자들은 그 코미디와 생활을 함께 했다.

지금까지 코미디에 가해져 온 비판은 차라리 비하에 가깝다. 그 배경은 물론 엄숙주의다. 웃음을 비하하는 엄숙주의 태도는 억압적인 사회 분위기와 맞물려 있다. 국민들을 일사불란하게 동원해야 하는 체제에서, 또 국민들은 항상 지도자에 대해 경건한 자세를 갖춰야 한다고 보는 체제에서, 웃음은 당연히 불경스러운 짓거리이거나 비효율적인 에너지 낭비로 여겨질 수밖에 없다. 코미디는 그러한 체제에 일면 적응하면서도 다른 한편으론 미약하나마 어떤 반응을 보였다. 돌이켜 보건대 1970년대의 코미디는 이런 억압 체제 아래 숨죽이고 살 수밖에 없었던 당시 사람들의 정서를 나타내는 것 같다. 비실대다가 있지도 않은 돌부리에 걸려 넘어지는 배삼룡의 연기는 좌절의 정서로 읽힌다. 무언가 이루어지길 바라는 마음에 "말발타 살발타" 주문을 외우지만 아무 일도 자기 뜻대로 되는 것은 없어 결국 "에~ 어디론가 멀리 가고 싶구나!"(아는 사람은 알겠지만, 이 말은 억양이 중요하다) 하고 탄식한 이기동의 탈출 욕구, 정말 그렇게까지 하긴가 하고 어이없다는 표정을 짓기는 해도 딱 부러지게 반발하지 못하고 다만 "어이구야……" 하고 얼버무릴 수밖에 없는 임희춘의 말없음표 등도 모두 같은 맥락에서 해석된다.

코미디와 사회의 관계는 이렇게 체제의 억압에 대한 일반 정서의 (위장된) 표출에서 찾을 수 있다. 하지만 이들은 억압에 대해 그저 좌절하고 떠나고 싶어하며, 말문을 닫는 수동적인 모습을 보이는 데 그쳤다. 이것은 물론 그 코미디언들의 한계가 아니라 제도권 코미디의 한계일 것이다.

이들에 비해 1980년대의 이주일은 꽤 용감한 독설을 펴기도 했다. "너만…… 잘났냐…… 나도…… 잘났다"로 요약될 수 있는 그의 독설은 억압당하는 자가 마지막까지 놓지 않는 자존심을 대변했다. 하지만 그는 더듬거리는 말투와 배배 꼬는 몸짓으로 이런 자존심을 위장했기에 살아남을 수 있었다. 그러나 "신이시여, 심판을 내려 주십시오" 하고 직설적으로 표현한 주병진에게는 찬물 세례가 내려질 뿐이었다. 이것은 1980년대적 좌절의 모습이기는 해도 여전히 풍자와는 거리가 멀었다.

권력 기반이 점차 약해지면서 체제의 억압도 직접적이기보다는 교언 방식을 취하게 된 1980년대 말기에 코미디도 다시 한 번 변모하였다. 이제 사람들은 합리적인 사고와 논리적인 구문에 익숙해졌다. 그래서 맹구의 문장 성분 혼란과 레일맨의 문맥 파괴, 서경석과 이윤석의 현학적 장광설 등을 웃음의 요소로 수용할 수 있게 되었다. 무엇보다도 주병진의 면박이 논리적인 말 문화에 기반을 둔 대표적인 사례라고 할 수 있다. 그는 마주 앉은 대화 상대자의 말을 단 한 마디도 순순히 받아들이는 법이 없다. 동음 이의어를 사용해서 문맥을 반전시키거나, "놀고 있네"라고 말하는 듯한 눈초리를 보내거나, 짧은 침묵으로 무안하게 만들거나, "네, 그러시군요…… 뭐 어쨌거나 잘 되시기 바랍니다"라는 교묘한 진행으로 결코 완전히 수긍한 것은 아니라는 태도를 내비치는 등 다양한 방법으로 상대방을 불편하게 한다. 하지만 그러한 대화 양식은 시청자들에게 은근히 가렵던 곳을 긁은 듯한 쾌감을 느끼게 한다. 맹구와 레일맨이 지도층의 교언이 코미디에 반영되어 나타난 표현 양식인 반면, 주병진의 화술은 난무하는 교언들이 조장한 가려움증에 대한 거부감을 형식 수준에서 대변해 주고 있다는 점에서 풍자 쪽으로 한 걸음 다가간 것이라 여겨진다. 하지만 여기까지가 우리 코미디가 풍자를 향해 걸어오다 멈춰 선 마지막 지점이다.

사회와 코미디의 관계를 지금까지 세 가지로 보았다. 첫째는 사회가 코미디에 작용을 가하는 경우다. 둘째는 사회를 반영하는 코미디다. 셋째는 코미디가 사회에 작용을 가하는 경우다. 사회가 코미디에 가하는 억압은 '비하'로 나타났지만 억압받는 것은 코미디만이 아니다. 그것은 억압적인 체제가 코미디 부문에 대해서 가한 작용일 뿐이다. 그러므로 관건은 코미디가 사회적인 억압에 대해 어떤 반응을 보여 왔느냐 하는 것인데, 아주 좋은 쪽으로만 눈길을 보내 봐도 우리 코미디는 수동적이거나 단순한 반영에 머문 감이 있다. 억압을 뚫고 분출하는 공격성, 즉 풍자 정신이 살아난 적이 없다.

무엇이 문제인가? 늘 하는 말이지만 소모적인 코미디언 활용 구조가 문제다. 한 회 한 회를 땜질할 아이디어로는 안 된다. 작품 구상이 있어야 한다. 무대를 휘어잡는 작품이 곧 사회를 휘어잡을 수 있다. 하지만 누가 그러한 코미디 작품을 구입해 줄까? 당연히 공영 방송사여야 한다. 대작 드라마나 기획 다큐멘터리를 지원하듯이 코미디 장르에서도 한 프로그램쯤 작품을 시연할 기회를 제공해야 한다. 단, 그것이 영화를 코미디로 각색하는 식의, 거창함을 빙자한 수선스러움으로 나타나선 안 된다. 코미디언들이 지금까지 해 온 연기의 기조를 그대로 가져가면서 그 위에 한 차원 더 쌓을 기회를 제공하는 것이어야 한다. 삶을 관조할 기회를 주어야 한다.

(2) "김종석 대학 간다"에 일반성이 있는가?

일요일 밤 <임백천의 원더풀 투나잇>(SBS, 1999~2000)에서는 매주 한 연예인 매니저의 대학 입시 준비 과정을 중계했다. 이름하여 "김종석 대학 간다"(1999)인데, 이 코너는 대중적 텔레비전의 놀라운 포식성을 다시 한 번 확인시켜 주었다.

대학 입시 준비를 어떻게 중계할 수 있을까? 영화 <트루먼 쇼>

처럼 자신의 일상 생활을 카메라 앞에 줄곧 노출시킬 의향이 있는 사람을 발굴한 것이 이 코너를 성사시킨 핵심이다. 덕분에 몰래 카메라가 아니라 합의에 의한 중계 방송이 가능해졌고, 이는 김종석의 입시 준비 모습이 기본적으로 연출에 의한 연기임을 뜻한다. 가짜라는 말이 아니라 가공이란 뜻에서 말이다.

그럼에도 불구하고 이 코너는 방송의 주요 경향을 이루는 대중적 일상성을 표상화하는 동시에 선두에 서는 시도로서 적잖은 의미를 가진다. 등장 인물이 카메라 뒤에서 일하는 직업인이라는 점에서 더 그럴 듯하다. 하지만 일상적인 것, 즉 공식적인 문화의 영역에서 밀려났던 시시콜콜하고 꾀죄죄함이 기호 생산성을 갖게 되었다는 것으로 이런 코너를 긍정적으로만 볼 수는 없다. 어떤 의미를 형성시키는가가 이런 류의 시도를 평가할 때 관건이다.

"김종석 대학 간다"는 대중 매체의 모순된 담론 구조 안에 있다. 신문을 보면 청소년 유해 환경을 지탄하는 기사와 함께, 다른 지면에는 선정적인 비디오, 영화 광고를 컬러로 버젓이 싣고 있다. 이처럼 스스로 유해 환경이 되는 신문의 자기 모순은 여러 차례 지적받았다. 대학 입시와 관련해서도 그러한 모순된 담론들이 행해졌다. 서태지를 예로 들어 대학 진학에만 목을 매지 않는 젊은이들을 새로운 가능성으로 제시하는 한편, 다른 쪽에선 연예인 매니저 일을 더 잘하기 위해 대학에 가겠다는 또 다른 젊은이를 내세운다. 이 같은 담론을 내세우려면 다른 더 분명한 논리가 동반되어야 하지 않을까.

40년 이상 변하지 않고 유지되어 온 입시 위주 교육의 결과 '교실 붕괴' 상황에 이르렀음을 개탄하는 프로그램들이 센세이셔널한 반응을 불러일으키고 있다. 그런데 다른 한편에서는 연예인 매니저 일도 제대로 하려면 대학엘 가야 한다? 복화술과도 같은 텔레비전 속의 이러한 상충을 풀어 낼 더 정확한 현실 인식이 <원더풀 투나

잇>에는 있는가? "자기 일을 더 잘하기 위해 내린 한 젊은이의 어려운 결단"이라고 칭찬하는 입에 발린 소리가 필요하다는 말이 아니다. 정말 김종석에게 대학이 요긴한 제도인가 하는 질문이 필요하고, 만약 그렇다면 그가 방송 프로그램으로 내보낼 만큼 일반성을 가지고 있는 사례인가를 되물어 보아야 한다는 말이다.

피곤한 가운데 책상에 앉아 문제집을 푸는 김종석의 모습은 코믹하기 이전에 대견스럽다. 그러나 그 대견스러운 노력이 씁쓸한 연민 혹은 배신감으로 이어지지 않으려면 그가 한국 사회 대다수 청소년들이 처한 현실을 돌아보게 하는 일반성을 갖는 사례여야 한다. 프로그램을 통한 입시 준비 과정에서 이미 김종석은 그 험난한 연예계에 어느 정도는 튼실한 뿌리를 내렸다고 볼 수 있다. 그러한 만큼 그에게 대학 입학은 하나의 선택지에 불과하다. 하지만 현실적으로 다른 많은 고3 수험생들에게 입시는 거의 유일한 선택지이다. 입학이 대학 생활의 전부가 아니듯 방송된 김종석의 대학 입시도 입시의 전부는 아니다.

(3) 맹목적인 목표 달성 프로그램의 한계

텔레비전에서 이런 프로그램을 내보내면 어떨까? 제목은 "꼴찌 후보 당선시키기." 16대 총선에서 꼴찌로 낙선한 사람 몇 명을 본인과 가족들의 동의를 얻어 캐스팅한다. 코미디언 한 명의 관리 아래 17대 국회 의원 당선을 목표로 지역구 활동을 도와 준다. 여기에는 바람직한 선거 운동 풍토의 정착과 현역 의원 비리 파헤치기 등이 주요 과제로 등장할 수 있다. 그 과정에 여러 재미있는 상황들이 빚어질 것이고, 계몽적인 내용들이 제시될 것이며, 진솔하게 노력하는 과정의 감동도 있을 것이다. 설마 이게 가능할까?

이는 "김종석 대학 간다" 이후 "꼴찌 탈출," "god의 육아 일기," "백재현의 박치기 왕," "가화만사성," "이의정 키 크기," "김종국 싱글 만들기," "량현량하 영어 회화," "김보성 시인 되기," "강호동 초전박살," "담배 끊기," "안문숙, 변우민 시집 장가 보내기," "구피 콩베기," "박상민 원숭이 기르기," "전원주 인터넷 배우기" 등 우후죽순처럼 생겨났다 사라지는 목표 달성 혹은 과제 수행 코너들을 염두에 두고 떠올려 본 몽상이다.

이런 코너들이 이토록 각광받는 까닭은 대체 어디에 있을까? 목표를 설정했으니 프로그램의 방향성이 선명하게 수립될 수 있고, 그 수행 과정에서 각종 사소한 국면들이 재미를 던져 준다. 그래서 비교적 손쉽게 제작할 수 있는 데다가, 재탕의 비난을 받지 않고도 일정 기간 연재할 수 있다. 이것은 제작진에게 적잖이 매력적인 포맷

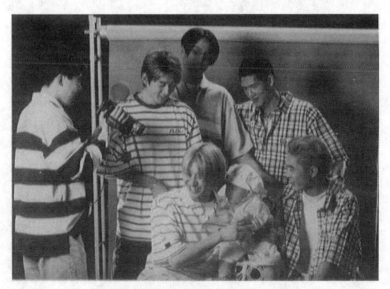

목표 달성 또는 과제 수행 형식을 띤 프로그램들 가운데 가장 성공적이었던 〈목표 달성 토요일〉 "god의 육아 일기."

으로 작용한다. 또한 출연자는 지명도를 높일 수 있는 기회가 되고, 시청자는 연예인들의 사적 공간을 곁눈질하는 재미가 덧붙는다.

그런데 이 코너들이 비록 과제 수행이라는 기본 개념을 공통되게 갖고 있을지라도, 잘 들여다보면 몇 가지 측면에서 차이를 보인다. 따라서 그 평가도 달라져야 한다. 가령 "김보성 시인 되기"나 "백재현의 박치기 왕"의 경우는 그 목표 자체로 자족적인 아이템이 된다. 자신이 시인이 되고 레슬러가 되어 보겠다는데 누가 말리겠는가. 그에 비해 "이의정의 키 크기"나 "강호동 초전박살(다이어트)," "김종국 싱글 만들기(골프)," "전원주 인터넷 배우기" 등 많은 경우들이 일반의 관심사를 목표로 설정하고 있다. 여기에 등장하는 연예인들은 하나의 모델 케이스가 되어 일정한 정보 제공자 역할을 한다. (그 안에서 순위를 매기자면 이의정 쪽이 강호동이나 전원주 쪽보다 더 성의 있는 연출이라고 할 수 있다.)

<목표 달성 토요일>(MBC, 2000~현재)의 "꼴찌 탈출"은 좀더 복잡하다. 경쟁 상황에서 특정 학생들의 학교 성적을 올려 보겠다고 하는 과제는 그 자체로 자족적이지 않다. 그들을 대신한 또 다른 꼴찌는 어차피 나오게 되어 있는데, 그들은 누가 탈출시켜 줄 것인가? 즉, 방송이 현실에 개입할 수 있는 영역과 한계가 문제로 제기된다. 또, 칠판에 분필을 던져 가며 하는 열강하는 모습이나, 가수 김정민이 이들을 격려하기 위해 등장하는 등의 시도가 과연 다른 입시생들에게 얼마나 일반화될 수 있을까? 더욱이 과외 금지 조치 위헌 판결 이후 금력이 곧 학력이냐는 개탄과 함께, 다른 한편에서는 이렇게 학교 성적을 기본 가치로 내세우는 정당성은 또 어디에서 찾을 수 있는가?

이런 논란과 의문은 목표 달성 코너들의 기획이 철저하지 못한 데에서 비롯된 것이다. 궁극적인 목적 의식 없이 목표 달성에만 파묻혀 있을지언정 좋은 소재와 그렇지 못한 소재를 분간할 줄 아는 분별력이 아쉽다.

70

(4) 신데렐라 이벤트의 끝 — 시대적 요청과 가벼움 사이에 선 도움 프로그램들

경제 위기 상황이 텔레비전 프로그램들의 경향에도 많은 영향을 미쳤다는 건 이미 사람들 입에 여러 차례 오르내린 얘기이다. 복고풍 드라마가 유행을 타고, 연예인들을 앞세운 모금 프로그램은 더욱 박차를 가했다. 불우 이웃이나 노력하는 중소 기업 사장을 돕는다는 기본 개념 하나로 프로그램이 만들어지기도 했다. 그 덕에 이제 700에 몇 번이 어느 방송국의 모금 번호인지 외울 정도다. 이런 전반의 현상들을 좋게 보자면 시대 상황에 부응하는 텔레비전의 순발력이 잘 발휘된 것이라고 볼 수 있다. 하지만 하나의 깃발을 세우기 위해 앞뒤 돌보지 않고 그 방향으로 달려가기만 하는 가벼움이 아닐까 하는 우려가 없지 않다.

이런 상황의 연장선 위에 있는 <일요일 일요일 밤에>(MBC, 1989~현재)의 "신장 개업 대작전"(1999)이라는 순서가 뒤늦게 나타났다. 이러한 뒤늦음은 앞서 나온 이웃 돕기 프로그램들이 전반적으로 순발력과 가벼움 사이에 처해 있어 이런 도움 프로그램이 자리매김하는 데 한 시금석이 될 수 있다는 점에서 오히려 주목을 받았다. 그 뒤늦음 덕택에 "신장 개업 대작전"은 꽤 복합적인 아이디어들에 기반한다. 불우 이웃 돕기와 인간 승리, 신데렐라의 행운 등을 비롯하여, "양심 가게 순례"라는 <일요일 일요일 밤에> 자체적인 전통이 깔려 있고, 그보다 몇 년 전 MBC에서 방송된 "집을 고쳐 드립니다"의 아이디어가 첨가되었다.

보내 온 사연 가운데 심사를 통해 그 솔직함이 검증된 가게를 각 분야 전문가들의 도움을 받아 경쟁력 있는 가게로 다시 태어나게 해 주는 것이 이 "신장 개업 대작전"의 기본 골격이다. 꾀죄죄한 과거와 번듯한 현재의 극명한 대비, 그렇게 변화시켜 가는 과정에 대한 추적 등을 통해 어떤 스릴마저 느끼게 함으로써 이 프로그램은 봐 줄 만한 이벤트가 되었다.

그런데 이 프로그램의 신데렐라 이벤트에 대해서는 좀더 숙고해 볼 필요가 있다. 비록 선택된 한 사람일망정 그의 삶이 새로운 단계로 도약하는 모습을 바라보는 것은 물론 즐거운 경험이다. 하지만 감격에 겨운 손으로 첫 날 매상액을 세는 화면 속 모습 뒤로 그 순간에도 계속 추락하고 있을 일반적인 모습들이 어른거리는 체험은 착잡하기만 하다. 그 까닭은 신장 개업 대작전의 도약이 일반성을 갖기 힘든 탓이다. 15호점까지 나온 신장 개업 가게 뒤로, 어떤 기사에 따르면 1000여 건의 신청자들이 대기중이라는 얘기도 나왔다. 그러나 한 편의 텔레비전 프로그램이 그 모두를 신데렐라로 만들어 준다는 것은 애당초 불가능하다. 제작진은 이렇게 생각할지도 모르겠다. 한 사람의 사례를 통해 비슷한 다른 사람들도 용기를 얻을 수 있고, 또 자신에 대한 컨설팅으로 참고할 수 있지 않겠느냐고. 하지만 '내 팔자에 무슨 저런 행운이라도 돌아올까' 하고 더 큰 상대적 박탈감을 느낄 수도 있지 않을까? 이처럼 앞서 나온 <힘 내세요, 사장님>(KBS1, 1999) 같은 십시일반 프로그램들이 안고 있는 고민을 이 프로그램에서도 할 수밖에 없다.

IMF 상황이라는 깃발이 세워지자 무작정 한 방향으로 돌진한 텔레비전 프로그램의 경향은 가벼움의 우려를 떨치지 못하게 하는 대목이다. 그러한 직접적이고 즉각적인 도움 주기 프로그램도 대중 텔레비전의 속성에 따라 그 참신성이 떨어지면 폐지되고 말 텐데, 그 때까지 실낱 같은 기대를 품고 대기하고 있던 비슷한 다른 사람들이 느낄 절망을 어떻게 감당해야 할까. 예를 들어, "칭찬합시다"와 같은 도움 릴레이 방식은 어떨까? 애초 기획 단계에서 폐지 시점까지 염두에 두어야 하는 프로그램이 있다면 바로 이런 프로그램들일 것이다.

2) 말의 쾌감

(1) "뻥이야"의 욕망

각종 시청률 조사에서 알 수 있듯이 코미디 프로그램의 인기는 아주 높다. 하지만 정작 그 제작자들은 그렇게 즐거울 것 같지 않다. 코미디 프로그램을 즐기지 않는 사람은 없으면서도 그것에 대해 이야기를 하려 들면 정색을 하고 누구나 비판 일색의 평가를 내리기 때문이다. 이와 같은 현상 — 비평 현상 — 을 접하면서 문학이나 무대 공연에서조차 소극(笑劇, farce)이 하나의 독립된 장르로 인정받지 못하고 푸대접 받아온 상황이 대중 문화 영역에서 되풀이되고 있다는 느낌을 받는다. 정말로 코미디는 진지한 태도로 바라볼 수 없는 것일까?

코미디에 대한 그간의 비평들을 살펴볼 때 대개 세 가지 입장들로 구분할 수 있을 것 같다. 먼저 넘어지고 자빠지는 코미디, 때리는 코미디, 말장난과 반말 사용 등에 초점을 맞추어 '코미디 저질 시비'를 불러일으키는 입장이다. 이것을 도덕주의 또는 엄숙주의라고 이름 붙일 수 있을 것이다.

이와는 조금 다른 방향에서 코미디를 비판하는 입장이 있다. 웃음을 통한 갈등의 허위적인 해소, 우민화의 도구, 더욱 고도화된 지배 수단 등과 같이 코미디를 이데올로기 비판 차원에서 접근하는 시각이 그것이다.

세 번째로 위의 두 입장과는 정반대 편에서 코미디라는 문화 형태에 전적인 지지를 보내는 입장이 있다. 웃음 자체는 순수한 것이고, 각박한 세상 속에서 청량제 구실을 하는 좋은 것이다. 일소일소 일노일로─笑─少 ─怒─老의 현대판이다. 하지만 이들 비평에서 한국 사람들은 웃음에 인색하다는 내용이 빠지지 않는 것으로 봐서, 이들은 코미디의 전형을 서양식 토크 코미디에 두고 있는 듯하다. 그렇기 때문에 이 입장도 결국 지금 이 땅에서의 코미디를 지지하는 것은 아니다.

도덕주의, 이데올로기 비판, 웃음 순결주의의 세 가지로 정리한 기존의 비평적 시각들은 그 나름대로 의의가 있다. 즉, 교육적·정치적·사회적 가치를 반영한다. 그러나 정작 코미디 자체의 가치를 탐구하지 않는다는 점에서 보완을 필요로 한다. 그 보완의 한 시도로 이 글은 두 가지 유행어의 성격을 검토해 보고자 한다.

먼저 "아, 웅애예요"이다. 이 말의 생성은 <일요일 일요일 밤에>에 보조 진행자로 출연한 가수 김흥국의 말투에서 비롯되었다. 어깨를 올리고 표정을 한껏 찌푸린 상태에서 짜내는 듯한 목소리로 "아주 좋았어요, 거의 환상적이네요" 운운하던 것을 축약시킨 것이다. 그 이전부터 널리 모방되던 그 말투와 제스처가 축약된 형태 속에서 유행어의 동력을 획득한 것으로 생각된다. 이 말의 기능은 어떤 의미를 전달한다기보다는 차라리 그 말을 발음하는 것 자체가 즐거움을 준다. 그리고 그 즐거움은 제스처의 모방과 결합하여 더 큰 울림을 갖는다.

프로이트는 정신 분석학의 개념으로 농담 *joke* 에 대해서도 탁월한 설명을 하고 있다. 그는 농담의 발전 과정을 세 단계로 구분한다. 첫 번째 단계는 '언어 유희'로써, 여기서 단어는 의사 전달의 수단이기보다는 하나의 사물로 간주된다. 언어 유희의 기쁨의 원천은 심리 에너지를 절약시키는 데에 있다. 즉, 이것저것을 분별해야 하는 노력을 덜어 주기 때문에 쾌감을 증가시키는 것이다.

두 번째 단계는 유희가 재담 차원으로 이동하는 단계이다. 그것은 언어의 울림에만 만족하지 않고, 이성의 요구에 점차 부응하는 것을 말한다. 이것은 가령 단어의 환유적인 파생, 즉 말 이어가기를 그 예로 들 수 있다. <청춘 행진곡>(MBC, 1988~92)의 "삼국 연합군" 편에서 어느 병사가 늘 하는 재담을 예로 들자면, '프락치'를 이탈리아어로 하면 '니나리치'가 된다고 하는 식이다.

세 번째 단계는 재담에 목적이 개입하는 의도적인 농담이다. 여기에는 풍자와 음담 패설의 두 가지 형태가 있다. 풍자는 적대적인 것에 대한 공격성을 표현하는 것이고, 음담 패설은 금지된 것을 드러내는 목적을 가진 것으로, 모두 기존의 억압 체제에 대한 도전이라는 점을 공통된 특징으로 삼을 수 있다. 이런 구분법에 비추어 볼 때, "아 응애예요"가 첫 번째 언어 유희 단계에 속하는 것이라면, 농담의 가장 발전된 세 번째 단계에 해당하는 예로서 "뻥이야!"를 꼽을 수 있을 것이다.

"뻥이야"는 <청춘 행진곡>의 "청춘 교실"편에 나왔던 말이다. 어느 주책 맞은 할머니 학부형이 교실에 들어와 재담으로 담임 선생님 칭찬을 한 바탕 한 뒤에 우쭐해진 선생님에게 "뻥이야!"로 그것이 모두 빈 말임을 밝혀 상황을 반전시키는 기능을 한다. 이 말을 "청춘 교실"의 상황에 한정시켜 볼 때에는 공격성이나 풍자의 몫으로 부족함이 없지 않다. 하지만, 그것이 사회적으로 확산되는 과정에서 애초의 의미를 넘어서 공약空約을 남발하는 정치가나 빈번한 시행 착오를 겪는 행정부의 정책 등을 지칭해서 사용되기도 하는 등 허위에 대한 거부의 목적을 담는 그릇 구실을 함으로써 풍자의 잠재력을 보인 바 있다.

교육적인 차원에서 볼 때 이런 유행어들은 적지 않은 역기능을 하기도 한다. 하지만 그러한 측면에서만 코미디에 접근할 때 그것이 가지는 다른 가능성들은 놓치게 된다. 이른바 '쫑코 코미디,' 즉 면박 주기 형태의 코미디가 시청자들에게 상당히 인기를 끌고 있다는 어느 코미디 프로그램 담당 프로듀서의 진단은[1] 지금 이 곳에 사는 사람들의 욕망이 무엇이냐를 짐작할 수 있게 한다. 습관적으로 되뇌는

1. MBC 민실위 – 한국사회언론연구회 토론회 자료집, 1990. 4. 30

"뻥이야" 속에는 단순히 유행을 따르려는 얄팍한 편승 심리나, 착하지 못한 청소년들의 방종함만 들어 있는 것이 아니다. 우리 사회에 억압이 존재하고 있으며, 또 그 억압에 저항하고자 하는 욕망이 함께 표출되고 있음을 알아야 한다.

(2) 신동엽의 레일맨, 언어 혼란의 사회적 준거

말로 사람을 웃기는 데에도 다양한 방법이 구사될 수 있다. 그래서 거기에 붙여진 이름도 여러 가지이다. 농담, 재담, 음담, 면박, 말장난 등 여러 가지이다.

　말장난은 말 그대로 말을 갖고 노는 행위를 일컫는다. 이기동의 "말발타 살발타"에서 김홍국의 "아, 응애예요"에 이르기까지 아무 뜻 없이 그저 그 음운을 소리내는 것 자체가 주는 쾌감은 놀이감이 되기에 충분했다. 재담은 여기에 조금 의도성이 깃든 경우를 말하는데, 음운이나 의미의 부분적인 유사성을 따라 환유적으로 이동하는 말의 파생 같은 것들이 이 범주에 든다. 예컨대 'EC 통합'에서 이씨 성을 가진 정치가들의 규합이라는 뜻의 '李氏 통합'을 이끌어 낸다든지, 민담들의 극히 부분적인 내용들을 끝없이 이어가는(한때 대학가에서 유행했던) '끝나지 않는 이야기,' 그 아류로 코미디언 김은우가 했던 "누가 나 좀 말려 줘요!" 등이 바로 그것이다. 음담은 성적인 소재를 활용하는 특징을 보이는데, 이것을 그저 저속성이라고만 단죄할 수 없다. 음담의 본질은 이른바 억압된 것의 드러냄, 금지된 것의 노출이라는 짐짓 저항적인 함의도 갖고 있기 때문이다. 흔히 풍자라고 불리는 의도적인 농담은 인간의 공격 본능을 제대로 위장함으로써 작게는 개인적인 면박부터 크게는 권력에 대한 비판에 이르기까지 다양하게 전개된다. 때로는 어느 교수 출신 정치인이 유행시킨 "그게

말도 안 되는 변명으로 상황을 모면하는 개그를 보여 준 신동엽의 데뷔 무렵 모습.

뭡니까" 같은 냉소주의가 끼여들기도 하지만 말이다.

이처럼 말로 웃기는 코미디는 행동으로 웃기는 코미디와 비교가 안 될 정도로 활발한 사회적 융통성을 보인다. 그것은 아동 교육이라는 측면에서 유행어의 해악을 경계하는 학부모들의 목소리를 빌리지 않더라도 바로 우리 주변에서 또, 우리 자신의 행태 속에서 잘 관찰된다. 그러한 현상에는 우리의 구어 문화 성숙이 기본적인 바탕이 되기도 했으며, 또 끊임없이 벌어지는 사회 상황들이 그러한 웃음의 정서를 구조적으로 뒷받침하는 참고 자료가 되기도 했다.

신동엽은 SBS의 신인 코미디언 시절 눈에 띄는 새로운 방식의 말 연기를 보여 주면서 등장했다. 그 작품이 영화 <레인맨>을 본뜬 '레일맨'이었는데, 코너 이름대로 기차를 타고 가면서 맞은편 자리에 앉은 다른 손님(전창걸)과 대화를 하며 전혀 맥락이 닿지 않는 엉뚱한 쪽으로만 말을 받아 당혹케 하는 설정이었다. 영화에서의 레인맨이 자폐증 환자인 반면 신동엽의 레일맨은 분열증에 가깝다. 그는 같은 방식의 연기를 <코미디 전망대>(SBS, 1994~6)의 "시사 전망대" 코너에서도 했는데, 사실 이 연기가 더 걸작이었다.

그의 연기는 분열증 환자의 언어를 상품화하기 위해 포장한다면 저런 것이 되지 않을까 많은 고민을 한 듯하다. 공식화된 그래서 자연스러운 그리하여 더욱 불가침의 영역으로 여겨지는 언어의 문맥 파괴가 가차없이 이루어진다. 가차없음이 그의 연기의 새로움이고 그것은 꽤 성공적인 것 같다. 이를테면 공중 전화에 왜 낙서를 하느냐는 리포터의 추궁에 그는 이렇게 받아넘긴다. "아이 그래 알았어. 그럼 내가 앞으로 황신혜 포기할 테니까 그 대신 너는 김을동 아줌마 포기해. 자 약속해 하늘땅 별땅……" 이런 식의 질문의 문맥과 전혀 무관한 진술들을 숨가쁘게 뱉어내면서 취재자의 가치 기준을 혼란 속으로 빠뜨린다. 그리고 그것은 그의 의도와는 무관하게 그 당시 정치권의 담론의 성격을 폭로한다.

1980년대만 해도 아직 말의 '의미'라는 것이 마지막 숨을 쉬고 있었다. 그래서 "탁 치니 억 하고 쓰러지더라" 같은 변명 아닌 변명이 있었고, 듣는 이들은 쓴웃음을 지었던 것 아닌가. 바야흐로 1990년대 들어서면서 그러한 변명마저 자취를 감추고 그 자리에 문맥 파괴 행위가 들어앉았다. 사회적인 말의 최대 유통 창구인 신문의 보도 내용을 보면 그러한 후안무치한 말의 오용 양태가 잘 드러난다. 1992년 가을 14대 총선 직후 언론들은 여대야소를 다시 역전시킨 총선의 민의가 무엇인가를 잠시 보도하고 논평하는 듯하다가 돌연 누가 여당의 대권주자가 될 것인가로 문맥을 비약시킨다. 그러더니 또 총선에 관권의 부정 개입이 있었음이 폭로되자 다시 개인적인 불만을 소산 운

운하는 문맥적 파괴를 보이고 있다.[2]

이렇게 정상적인 문맥의 파괴는 이미 사회적으로 행사되고 있었고, 그것이 어쩌면 레일맨 현상이 사회적으로 수용되는 하나의 준거로 작용했는지도 모를 일이다.

(3)심현섭의 사바나 추장과 어감

IMF 한파가 불어닥친 2년 여 사이에 텔레비전 프로그램에는 아주 큰 변화가 있었다. 코미디 프로그램이 사라진 것이다. 그 징조는 이미 오래 전부터 있었다. 코미디에 뿌리를 둔 프로그램들이 버라이어티 쇼로 변질되면서 코미디는 사라지고 그 대신 현실의 반가공품들만 난무했다. 코미디언들은 그러한 현실 반가공 작업의 리포터 역할을 맡을 따름이었다. 입담 좋은 소수 젊은 코미디언들에게는 더 잘된 일이었을 수도 있다. 골치 아프게 아이디어 짜고 연기 연습할 필요도 없고, 비록 카메라의 보조역일 뿐이지만 그렇다고 해서 연말 코미디 연기 대상 자격에서 제외되는 것도 아니었다. 오히려 연예인으로서 코미디 연기보다 더 안정적으로 수명을 오래 끌 수도 있다. 코미디계의 탈영병들이 늘어나면서 급기야 코미디 프로그램이라는 군단 자체가 해체되는 지경에 이른 셈이랄까.

이런 사정 속에서 코미디언들의 자성까지 합쳐져 1999년 들어서면서 두 편의 코미디 프로그램이 아주 의욕적인 모습으로 새롭게 등

---

2. 1992년 9월 14대 총선 당시 행해진 관권 개입 선거 부정 사실을 한준수 당시 연기 군수가 시민 단체에서 양심 선언을 통해 폭로하였다. 이에 대해 일부 신문의 사설에서 그 행위의 핵심적인 성격이라고 할 수 있는 '선거 부정'의 맥락이 아닌 폭로의 형식과 그 내면에 대한 추측성 혐의를 주된 내용으로 다루었다. 이는 사태의 본질을 감추기 위해 관심의 물꼬를 다른 쪽으로 왜곡시키는 언론의 대표적인 사론곡필邪論曲筆 행위라 지적할 수 있겠다.

어감의 홍수를 보여 준 <개그 콘서트> "사바나 추장"의 앙콜 개그 장면.

장했다. 코미디의 위기 자체를 프로그램 제목으로 삼은 <코미디 살리기>(SBS, 1999)와 새로운 방향의 모색이랄 수 있는 <개그 콘서트>(KBS2, 1999~현재)가 그것이다. 특히, 코미디 갱생 대열의 제일 앞에 선 개그맨 심현섭이 눈에 띈다.

돌아온 피에로 심현섭은 (내 기억이 맞다면) 집단을 이뤄 데뷔하던 1993년 무렵부터 이미 눈에 띄는 떡잎이었다. 하지만 그의 가능성은 시청자들에게 맞장구를 쳐 주는 리포터 쪽 능력이 아니라 천변만화하는 표정과 음색을 통해 자기 내면의 무엇을 밖으로 표현해 내는 연기 쪽 능력에 있었다. 극단적으로 비교하자면 몰래 카메라 혹은 일반인들의 재롱에 편승해 시청자들의 눈길과 인기를 구걸하는 애교 쪽이 아니었다. 자신의 연기 세계를 통해 희극의 한계에 당당하게 맞서는 유형이었다. 그러다 보니 코미디계 전반의 추락 속에서 그의 잠재력 또한 묻혀 버리는 듯했지만, <개그 콘서트>의 "사바나의 아침"을 들고 빛나게 재등장했다.

"사바나의 아침"에서 그는 어느 아프리카 부족의 족장이다. 자부심 강한 족장의 표정 연기도 일품이지만 단연 백미는 한국말로 쏟아내는 아프리카 말투 연기다. 외국어 분위기를 느끼게 하는 한국말 연기는 이전에도 많이 있었다. 김경식과 홍록기가 유럽 여행 다녀온 뒤 유럽 각국의 억양을 흉내낸 것이라든지, 김희애가 몇 년 전 <일요일 일요일 밤에>에서 프랑스 어투를 그 이전의 "~봉"에서 "~수아"로 바꾼 획기적인 전환, 원로 가수 김상국이 경상도 사투리를 아프리카 말투인 양 변형시킨 "니쿠 자꾸 구쿠니 내쿠 자꾸 구쿠지, 니쿠 자꾸 안구쿠믄 내쿠 자꾸 구쿠나" 등이 어감의 섬세한 감수성을 발휘한 것들이다. 그런데 심현섭의 이번 연기는 그러한 흐름의 결정판이라 할 수 있다. 점술 피리를 불면서 하는 "마킨나?"와 긴 아프리카 말투를 지어 낼 때 쓰는 "바킨나?"도 그렇지만 방청객들에게 따라 하게 하면서 짓궂게 길게 늘이는 대목은 우리가 피상적으로 가지고 있는 아프리카 말투에 아주 가깝다.

(4) 강성범의 연변 총각, 혹은 수다의 자부심

어느 날 <개그 콘서트>에 참 희한한 코너가 하나 등장했다. 주요 코너들 사이를 연결해 주는 브리지 코너 같기도 하면서 그 자체로 완결성을 갖는다. 하지만 그 내용이라는 것이 그저 한강 다리를 순서대로 암기하거나, 목적지까지의 전철역 이름들을 숨차게 주워 섬기고, 촌스러운 춤을 자랑스럽게 추며 끝맺는 그러한 것이었다. 세상에, 이런 것도 코미디 아이템이 되다니! 그런데 신기하게도 그 단순무식(?)한 방식이 아주 진한 매력을 발산하고 있었다. 텔레비전 코미디의 지나 온 길을 되돌아보면 '수다맨'은 장광설 양식의 집대성일 수도 있겠다는 생각이 든다.

말로 하는 코미디는 크게 눌변(어눌함)과 달변(유창함)의 둘로 구분할 수 있다. 어눌해서 남을 웃긴다고? 상극은 서로 통한다고 했던가. 1970년대 배삼룡의 발뺌("내가 뭘~")과 임희춘의 말문 막힘("어이구야……"), 그리고 눌변의 코미디성을 완성시켰다고 할 수 있는 1980년대 이주일의 '얼버무리기' 등은 대단한 인기를 누렸다. 이런 어눌함은 표현의 자유가 극도로 억압된 1970~80년대의 한 상징으로 이해되기도 하는데, 그럴 듯하다. 그 시절 유창한 말솜씨는 장소팔과 고춘자의 만담을 통해서 접할 수 있었는데, 어눌함에 비해 대중들의 호응은 오히려 적었다.

그러다가 1980년대 후반 들어 유창한 말솜씨에 기반한 코미디 스타일이 본격적으로 등장한다. 이 때는 이미 동음 이의어의 재담이나 상대방의 말을 꼬투리 잡아 면박 주기 등도 많이 활용되고 있었다. 이는 우리 사회에 발랄한 재담의 문화(말을 가지고 즐기는 문화)가 확산되고, 사람들이 말을 다루는 기술이 그만큼 능란해졌음을 나타낸다. 그 가운데 쉬지 않고 말을 쏟아 내는 장광설은 코미디의 한 양식을 이룰 만큼 여러 시도들이 있었다. 텔레비전 코미디는 이 방면에 뛰어난 인재들을 많이 배출해 왔는데, 정보면에서의 압도(엄용수), 개인적 수다(김영하), 이야기 모티프의 무한 연쇄(서세원), 레일맨의 분열증적 문맥 비약(신동엽), 두 석의 현학적 장광설(서경석과 이윤석), 그리고 사바나 추장이 보여 준 '의미에서 이탈한 순수 어감의 홍수'(심현섭) 등 그 빛깔도 다채롭다.

그런데 새 천년 들어 젊은이들 사이에 유행한 것은 이런 유창함과는 정반대의 개그였다. 이름하여 '썰렁 개그'인데, 그것은 상투적인 구문을 비틀어 서둘러 종결시켜 버림으로써 관습적 소통을 거부한다. 저런, 소통을 거부하다니! 하지만 유창함 속에 오히려 혹세무민, 곡

무의미한 장광설의 마지막 형태라고 할 만한 〈개그 콘서트〉 "수다맨"의 한 장면.

학아세, 교언영색, 감언이설이 난무한다면 거기에서 자신을 지켜 내는 또 하나의 길이 소통 거부가 아니겠는가?

그런데 수다맨은 다시 연변 총각으로 변신하여 우리에게 말의 자부심을 준다. 최고도의 유창함을 통해 다른 유창함들이 가지는 허위적이고 부정적인 모습을 극복함으로써 말이다. "우리 옌볜에서는 그 정도 말재주는 말재주 축에도 못낌다. 고조 한 이백 만 부 왜곡 보도 하면 이제 가갸거겨 좀 하갔구나 함다……" 연변 총각의 느긋한 비아냥과 무지막지한 허풍의 내용이 내 귀에 이렇게 들린다고 하면 엉뚱한 걸까?

(5) 일상 대화의 합리성, 토크 박스

〈서세원 쇼〉(KBS2, 2001~2)의 토크 박스의 배경이 되는 세 가지 풍경을 보자.

첫째, 만개한 재담 문화이다. 1970년대 말의 참새 시리즈에서 시작하여 그 뒤 속칭 EDPS(음담패설)와 식인종, 전두환, 최불암, 덩달이, 만득이, 사오정 시리즈를 거쳐 이제 삼행시와 문자 메시지 재담에 이르고 있다. 이런 말의 향연은 일상의 미세한 차원에까지 뻗어 있던 감시 기제가 적어도 생활인들의 의식 속에서 거의 사라졌음을 뜻하는 동시에 말을 다루는 사람들의 솜씨가 익을 대로 익었음을 나타낸다.

둘째, 라디오 사연이다. 주로 주부들이 적어 보낸 일상 생활 속의 사연들을 읽어 주는 포맷은 가요, 정보와 더불어 라디오의 3대 포맷이라고 할 수 있을 만큼 번성해 왔다. 특히 <지금은 라디오 시대>(MBC 라디오, 1995~현재)의 "웃음이 묻어나는 편지"는 이제 사람들이 일상의 편린들을 얼마나 요령 있게 이야기로 재구성해 내는지를 잘 보여 준다.

셋째, 일상 화법의 해방이다. 1988년 이후 여러 차례 진행된 각종 청문회를 통해 세 가지 화법을 구분해 볼 수 있다. 그 하나는 의원들의 윽박지르기이고, 그 둘은 증인들의 정교하게 짜여진 구문들이다. 이 두 가지 화법은 청문회의 주류를 이루는 것들로서 둘 다 진실 규명을 목표로 삼지만, 실질적으로 사람들은 그것을 통해서 진실 회피의 수단으로 쓰이는 말들을 목도할 뿐이다. 그에 비해 김현철 청문회에 출석한 의사 박경식의 말들은 또 다른 성격을 보여 주었다. 개인의 감정과 망상을 담은, 그래서 일견 무질서하게 들리는, 그래서 당시 여당 의원들이 '헛소리'로 낙인찍고자 했던 그의 말들은 바로 일상 대화의 성격을 띠고 있었고, 그래서 오히려 진실에 가까운 것으로 여겨졌다.

"토크 박스"는 바로 일상 대화 혹은 수다 떨기의 합리성에 기반한다. 토크 박스가 프로그램 모니터 보고서들에서는 쉽게 말장난으로 비하되지만, 사실 이 말장난은 그렇게 호락호락하게 통용될 수 있는 게 아니다. 과거 맹구식의 구문 혼란이나 레일맨식의 문맥 비약 등의 개그가 사회적으로 소통되는 공식 언어를 해체시켜 그것이 담고 있는 교언성과 이설성을 드러냈다면, 이제 토크 박스는 성공적인 수다떨기가 얼마나 합리적 기반을 갖고 있는지를 보여 주고 있다.

진행자 서세원은 과거 라디오 진행 시절부터 전화를 걸어온 청취자의 유머에 대해 그것이 새로운 내용을 발굴해 냈느냐, 아니면 이미 있던 것을 되풀이했느냐에 따라 신랄한 평가를 내린다. "토크 박스"에서 그러한 역할을 더 엄격하게 행한다. 정말 재미있는 사연과 능숙한 표현력에 대해서는 추켜세우지만, 썰렁하거나 이미 있던 애기를 새로운 양 위장하면 가차없이 벌점을 내린다. 이는 출연자들의 이야기에 대해 시청자들이 느끼는 재미 정도와 무관하게 그저 예의상 웃어 주던 방송의 타성을 넘어선 것이다. 그럼으로써 사람들의 유머 수준에 와 닿는 진행 요건을 갖추고, 그 결과 수다떨기의 재미와 소통 가능성을 이룩한 것이라 할 수 있다.[3]

---

3. "토크 박스"의 생명력은 어떻게 이야기꾼들을 계속해서 발굴해 내느냐 하는데 달려 있지만, 기본적으로는 이야기 자체의 재미 수준을 평가하는 서세원의 감각에 달려 있다. 시청자들이 느낄 즐거움을 정확하게 서세원이 다시 한 번 확인시켜 줌으로써만 재미가 배가될 수 있기 때문이다. 그런데 프로그램이 장기간 방송되면서 점점 출연자의 스타성 때문에 서세원의 그 감각 혹은 공정성이 흔들리는 등 프로그램 노화에 따른 피로 현상이 나타나기 시작했다. 마침내 몇몇 말썽 사례들을 계기로 시청자 단체의 집중 비판을 받아 2002년 가을 개편을 통해 막을 내렸다.

3) 코미디의 자부심: 약자의 담론

(1) 미스터 뚱

요즘 코미디언들은 말을 잘한다. 말을 통해 웃음을 주고 쾌감을 느끼게 하는 재주가 많이 개발되었다는 말이다. 그래서 코미디언이 '말 연기'를 잘한다고 할 때에는 맹구식으로 이미 주어진 문장 안에서의 성분 바꾸기나 레일맨식의 문맥 해체도 포함된다. 심지어 어눌함의 내명사가 되다시피 한 전유성도 아주 말을 잘하는 축에 속한다. <대결 20/40> (SBS, 1994)에서의 한 장면은 그가 얼마나 말을 잘하는가를 보여 준다.

> 전유성: 우리 집에는 SBS가 잘 안 나온다.
> 조갑경: (작은 소리로) 지방에 사시나 봐.
> 전유성: (큰 소리로) 아, 그럼 지 방(자기 방)에 살지 남의 방에 살아.

확신하건대 이 대목은 대본에 없던 상황이다. 두 사람의 마이크 소리가 작게 죽어 있었고, 화면도 두 사람을 잡지 않고 진행자에게로 이동하는 중이었다. 단모음인 조갑경의 '지' 자를 장모음으로 교체시키면서 돌연 그 둘을 동음 이의어로 만들어 상황을 반전시키는 이 즉흥적인 능력은 코미디언들의 말 연기가 어찌 보면 머릿속에서 나오는 것이 아니라 그들의 몸 속 어떤 에너지의 흐름에서 비롯되는 것이 아닐까 하는 생각마저 들게 한다.

이렇게 말로 하는 코미디가 눈길을 끌기 시작한 것은 내 기억으로는 이미 10년 이상 되었다. 서경석과 이윤석은 교과서에서 습득할 수 있는 지식들을 일상 생활 속의 사소한 현상을 설명하는 데 장광설로 풀어낸다. 사소함과 장황함의 불균형을 웃음의 밑천으로 삼으면서 교과서용 지식이 일상 생활에서 갖는 그 형편없는 효용성까지

슬랩스틱 코미디를 보여 준 <웃으면 복이 와요>
"미스터 뚱"의 한 장면.

조소하게 한다. 이러한 미묘하게 현학성에 대해 사람들이 갖는 존경심을 활용하는 말 연기는 이하원과 조정현 등이 소박하게나마 먼저 시도했던 것이다. 그리고 서세원, 이성미, 엄용수, 김보화, 박미선 등이 구사하는 말의 홍수와 주병진, 김승현의 말의 흐름 바꾸기 등은 그 방면에서 자못 출중함을 보여 온 예들이다.

이들이 전문 진행자로 대거 진출한 것도 그들이 체계적인 말의 구사력면에서 뒤떨어지지 않으면서 특히 방송에서 요구하는 웃음의 유발이라는 미덕을 함께 갖추고 있는 데 따른 것이리라. 이렇게 '말'이 코미디계를 장악하고 있는 상황에서 외롭게 '말 없는' 코미디를 보여 주고 있는 프로그램이 <웃으면 복이 와요>(MBC, 1969~85 / 1992~4)의 한 꼭지인 "미스터 뚱"(1994)이다.

"미스터 뚱"은 일상 생활 주변의 상황들을 소재로 삼는다. 공사장, 식당, 유도 도장 등에서 미스터 뚱의 실수와 장난이 재미있는 상황을 빚어낸다. 그런데 그 재미의 빛깔이 말로 하는 코미디에서 느끼는 것과 많이 다르다. 아주 단순화하자면, 말로 하는 코미디들은 반전의 순간에 돌연 웃음을 주거나, 홍수처럼 쏟아져 나오는 말들 속에서 웃음의 혼수 상태에 빠뜨린다. 그런데 말 없는 "미스터 뚱"은 그것을 보는 동안 어떤 감정의 흐름 같은 것을 느끼게 해 준다. 짧은 시간 동안이지만, 그리고 그 웃음도 잔잔하지만, 그 잔잔한 웃음이 오르락내리락하며 박자를 탄다. 그것은 김상호의 몸 동작이 어떤 박자 감각 속에 이루어지고 있기 때문이다. 그의 과장된 몸 동작은 사회에서 허용되는 특정 양식 때문에 제한된 몸 동작만 하는 사람들의 근육 긴장을 대신해서 풀어 주는 체조인 듯하다. 그리고 미스터 뚱이 계속되는 좌절 끝에 마지막까지 보여 주는 깨소금맛 같은 앙갚음과 잃지 않은 그 자존심도 유쾌하다.

"미스터 뚱"은 흔히 텔레비전 코미디를 저질이라고 폄하할 때, 채플린의 영화를 떠올리며 따라야 할 본보기라고 들먹인다. 이 때 채플린 영화가 갖는 웃음의 풍부함과 세련된 연기력, 화면과 음악의 일체감, 그것이 대변하는 대중 정서와 시대 정신 등을 들어 거기에 미치지 못하는 "미스터 뚱"의 작품 수준을 평가하는 것은 옳지 못하리라. 일주일에 한 편씩 꼬박꼬박 만들어야 하는 상황에서, 더욱이 연기자들은 그렇다 치고 <웃으면 복이 와요>를 구성하는 그 수많은 순서들을 모두 일주일 단위로 감당해야 하는 프로듀서의 처지를 감안할 때, 어찌 그들에게 채플린만한 작품성을 요구할 수 있겠는가.

그렇다면 바로 그 제작 여건이 코미디 발전을 가로막는 주범일 진대 정규 편성된 프로그램과는 별개로 한 달에 혹은 두 달에 한 편만 만드는 특수 제작 반을 구성하면 어떨까? 무책임한 대안이라고? 좋은 코미디를 보고 싶다는 바람일 수도 있다. 말의 재미를 느낄 기회는 그 수많은 게임 프로그램들에서 넘쳐난다. "미스터 뚱"처럼 몸 동작으로 하는 코미디의 경우 그러한 바람이 더욱 절실하다.

(2) 이경실

코미디 이외의 프로그램들에서 보면 코미디언들은 스스로를 많이 낮춘다. 겸손하게 구는 모습은 대다수 연예인들에게서 다 나타나지만 코미디언들은 겸손함에 머물지 않는다. 대화에서는 주도자보다 보조자 구실을 자임하고, 무대에서도 앞에 폼 잡고 서기보다는 옆에 서고, 심지어 자신의 외모를 스스로 비하하거나 학생 때 성적이 좋지 않았음을 드러내기도 한다. 그런데 신기하게도 그렇게 자존심이나 자부심을 다 버린 순간 코미디언들의 잠재된 위력이 고개를 들기도 한다. 가령 스스로 아는 척을 하지 않으니 한자어를 섞어 폼 나게 말하는 영화 배우에게 "그거 한자로 쓸 줄 아세요?" 하고 물어 일격을 날릴 수도 있고(전유성), 스스로 권위를 내세우지 않으니 연예인들의 모교를 찾아가 그 학교 교감 선생님들에게 '좌우지 장지지지' 춤을 추게 한다거나 카메라를 보고 "누구누구 씨 반가워요" 하고 목소리를 꼬아 인사를 시키는 등(이창명) 시쳇말로 데리고 놀 수도 있다.

이런 구체적인 예뿐만 아니라 코미디언들의 무대 진행을 보면서도 위와 같은 생각을 더 갖게 된다. 지난 몇 해 동안 진행자로 진출한 코미디언들이 많이 늘었는데, 비전문성에 따른 결함도 지적되곤 한다. 반면 그들의 진행 폭이 아주 넓다는 점은 인정할 만하다. 아나운서 같은 정식 진행도 이제는 웬만큼 흉내를 낼 뿐 아니라 그들이 못하는 유머와 면박, 출연자 감싸안기 등을 자유자재로 해 낸다. 조만간 뉴스도 코미디언들이 맡으면 훨씬 감칠맛 날 뿐 아니라 그 고발 정신도 더 잘 살아나지 않을까 싶다. 몇 년 전 이하원과 김수진이 했던 것처럼 말이다. 이하원은 열심히 전달하고 김수진은 열심히 화장만 하고, 앵커맨 / 우먼과 다른 게 뭐란 말인가. 그것은 흉내내기의 통쾌함을 보여 주었다.

코미디언의 자부심을 나타내 주는 이경실의 연기 모습.

그런데 정말 '흉내내기 정치'라 부를 만한 코미디가 등장했다. 바로 이경실의 코미디들이다. 오래 전 "캄사합니다. 아름다운 밤이에요"를 연신 외치면서 원래 그 말을 했던 배우보다 더 진짜 같이 흉내를 냈다. 그 배우의 자아 도취성 음성과 문장이 불러일으키던 두드러기를, 통쾌한 웃음으로 풀어 주었던 것이다. 이경실은 다시 "(떡)똑 사세요"를 통해서 흉내내기의 풍자성을 실컷 발휘하였다. 이런 연기를 보게 되면 연신 낄낄댈 수밖에 없다. 호탕한 웃음과 전혀 다른 낄낄댐. 그것이 곧 흉내내기 정치의 핵심이 아닐까 생각하게 하는 대목이다.

코미디의 본질은 약자의 정서를 담는 데 있다. 코미디가 해바라기 성격을 띠는 순간, 그것은 코미디의 탈을 쓴 것에 지나지 않는다. 그런데 약자의 정서를 대변한다고 해서 배삼룡, 심형래 계열의 '반성적 감상'을 유도하는 것이 전부는 아니다. 이경실, 이경규, 김국진처럼 자기 존재를 과시할 줄도 알아야 한다. 하지만 다른 두 사람의 자기 과시가 다만 자신의 격을 높이기 위한 이기적인 시도에 가까운 반면 이경실의 방향은 그와 다르다. 이경실은 스스로를 높다고 생각하는 자들의 허위성을 인정하지 않음으로써 자신의 존재가 만만치 않음을 확인시킨다. 그러한 점에서 약자의 정서에 맞닿아 있다고 할 수 있다.

이경실의 어록 몇 개를 예로 들어 보자. <남자 셋 여자 셋>(MBC, 1996. 10~ 1999. 5)에서 여자 셋은 사실상 김용림, 안문숙, 이경실이라고 풀이하는 그의 자부심, 오징어를 이고 가는 개미들을 보고 놀란 척하는 옥소리에게 "앞으로 방송국에서 내 눈에 띄지 마 옥소리, 죽을 줄 알아"라며 공주병에 일갈을 가하는 당참, 그리고 흉내낸다고 싫어하면 자신은 더 흉내낸다며 흉내내기의 위력을 과시하는 공격성 등은 이경실이 지금 코미디의 핵심에 가 있음을 짐작하게 해 주는 단편들이다. 이경실은 이렇게 허위적인 자아 도취에 대해 일격을 가하는 흉내내기의 위력을 마음껏 구사함으로써 남들처럼 섣부르게 정치권을 소재로 다루지 않으면서도 이미 정치적 코미디를 하고 있는 셈이다.

(3) 푼수 현상

보통 사람보다 더 많은 능력을 가지고, 더 큰 일을 하는 사람을 흔히 영웅이라 부르고, 그 영웅들의 이야기는 보통 사람들의 흥미를 끄는 중요한 소재이다. 그와는 정반대로, 보통 사람보다 못한 사람을 팔푼이 혹은 푼수라 부르고 그 푼수들의 행동 또한 늘 재미거리가 되어 왔다. 텔레비전 장르와 관련해서 보자면 영웅은 드라마와, 푼수는 코미디와 친화력을 갖고 있는 것으로 생각되어 왔지만, 요즘 화면 속의 분위기는 그러한 통념과는 많이 다르다.

코미디에서는 점차 푼수가 퇴조하면서 오히려 영악하고 능수 능란하며 유창한 말솜씨를 가진 성격이 더 환영을 받고 있다. 그러나

<세상은 요지경>의 신신애, TV에 등장하는 푼수 캐릭터를 대표한다.

드라마에서는 푼수들의 광범한 진출은 두드러진다. 이런 푼수들의 대거 등장을 두고 여러 방향에서 진단하겠지만 나는 특히 이 '푼수 현상'에서 영웅이 사라진 시대, 아니 좀더 정확하게 말하자면, 영웅 이란 허상일 뿐이었다는 보통 사람들의 깨달음의 한 표현을 본다.

'푼수 현상'을 구성하는 대표적인 인물들로는 <아들과 딸>(MBC, 1992~3)의 '아, 글씨' 이만복(백일섭)과 봉팔이, 종말이, <한강 뻐꾸기>(SBS, 1993)의 주헌과 권은아, 견미리, 강남길, 그리고 '요지경 세상'의 신신애를 들 수 있다. 이 가운데 신신애의 노래도 1990년에 방송된 드라마 <똠방각하>(MBC, 1990)와의 연관을 무시할 수 없다는 점에서 그 맥락은 같다고 본다.

이들은 물론 기존의 기준으로 본다면 조연에 해당하고, 그래서 흔히 이들에 대한 평가는 "주연을 능가하는," 혹은 "탄탄한 연기력으로 주연을 받쳐 주는" 식의 표현으로 나타났다. 거기에서 한 걸음 더 나아가 주연이 그들의 연기를 뒷받침하는 보조 역할까지 한다. '푼수'는 조연이라는 용어로 다 담을 수 없는 고유의 영역을 형성하기 때문이다.

드라마의 플롯은 주연 혹은 영웅의 행적과 관련한다. 여기에 조연들은 주연의 주변에서 그 내용 구성의 보조자 역할을 한다. 하지만 푼수들은 보조자 역할로 만족하지 않는다. 그들을 조연이라 부르지 않고 하나의 현상을 구성하는 새로운 이름 '푼수'로 부르는 까닭이 여기에 있다. 그들은 극이 진행되면서 차츰 보조자의 역할을 팽개치고, 플롯에서 이탈을 감행한다. 그리고 그들 나름의 새로운 여담을 구성한다. 그러다가 급기야는 그들이 만드는 여담을 위해 플롯이 존재하는 것은 아닐까 하는 생각이 들 정도로 그들의 영역은 시청자의 강한 호응을 얻게 된다(물론 드라마가 본래의 줄기에서 벗어났다고 불만스러워하는 시청자도 있을 것이다). 이만큼 진행되면 이제 주연은 이들 푼수들의 연기의 재미를 위해 존재하게 되고, 플롯은 그 이탈을 제공하기 위해 존재하는 것처럼 되고 만다. 그러나 그렇다고 해서 플롯 자체가 소멸해 버리면 그것은 그렇게 재미를 주지 못한다. 푼수가 주는 재미는 바로 '탈선'에 있기 때문이다. 이만복 씨가 즐겨 부른 노래에서 앞뒤의 "홍도야 우지 마라"와 "오빠가 있다"가 없이 그 사이의 추임새 "아 글씨"의 재미가 생길 리 만무한 것과 같은 이치이다. 드라마 속의 푼수들은 바로 희미해진 영웅들의 그림자 사이로 불거져 나오는 즐거움의 상징이다.

지금껏 우리가 가져 왔던 믿음은 정의가 항상 승리한다는 것이었다. 그러나 현실에서 우리가 겪어 온 바는 그와 아주 달랐다. 역사에는 발전의 법칙이 있는 걸로 생각했던 적도 있었다. 하지만 이제는 체제 자체가 하나의 생명체와 같이 그 생존을 가장 근본적인 목적으로 갖는다는 주장이 대두하고 있다. 정의나 법칙, 그것은 영웅 시대의 논리이고, 그 드라마적 구현이 바로 플롯이라는 구조물이다. 그러나 이제 그 모든 과거의 믿음들이 미망일 수도 있다는 의심 혹은 깨달음이 있고 나서, 보통 사람들은 지금까지 의탁해 왔던 영웅과 법칙의 허구성을 여러 가지 방식으로 극복할 필요를 느끼게 되었으리라. 그 한 양상으로써 푼수와 영웅의 전통적 관계의 전복을 요구하게 된 것이 아닐까.

이 글을 통해서 말하고 싶은 것은 바로 드라마 속의 푼수들과 그들이 주는 재미가 드라마 밖 시청자들의 자기 확인이라는 점이다. 이것은 자기 확신에 기초한 공감에서 온 것일지도 모른다. 즉, '잘난' 사람은 잘난 대로 살아갈 테니, '못난' 우리들도 그 드라마 속의 따뜻한 푼수들의 모습을 통해 지금 살아 있음을 확인하게 된다는 것이다. 또 '못난 대로' 앞으로도 잘 살아 갈 것이라는 믿음을 대신해서 드러내 준다는 말이다.

우리 사회가 어떤 체제의 탄력성을 유지하고 있다면 그 기반은 바로 이들 푼수들이 보여 주는 따뜻한 포용력에 있는 것 같다. 몇 해 전 **MBC TV**를 통해 방송된 다큐멘터리 <잃어버린 역사를 찾아서>(1993)의 주인공 김산 같은, 지금까지 남과 북을 통해 모두 배척

당해온 독립 운동가들을 남쪽에서 먼저 포용할 수 있는 것도 다 신한국을 창조하는 영웅들의 힘이 아니라 바로 이들, 우리 푼수들의 힘일지도 모른다는 그러한 느낌이 든다는 말이다.

4) 토크쇼와 시트콤

(1) <주병진 데이트 라인>

SBS <주병진 데이트 라인>(1998~9)은 주병진이 진행한 마지막 토크쇼이다. 오래 전 자니윤이 미국 상표만으로도 꽤 각광을 받던 시절, <일요일 일요일 밤에>를 통해서 한국에는 주병진이 있음을 깨우쳐 주었고, 그 뒤 연예 토크쇼의 대표적 자원으로 떠올랐다. 그렇게 스타가 되기 이전의 주병진에 대한 두 개의 장면이 기억에 남아 있다. 하나는 1980년대 초 <젊음의 행진>(KBS2, 1981~94) 막간에 무대에 올라가 손가락으로 입술을 퉁기며 병마개로 소리를 내던 장면이다. 또하나는 그보다 조금 뒤 코미디 프로그램의 한 코너를 맡아 산신령 복장으로 "신이시여"를 외치며 연신 물벼락을 맞던 장면이다. 이 때는 주병진도 다른 코미디언들이 그렇듯이 스스로를 낮추던 시절이었다. 그리고 코미디 자체가 오랜 주눅들림의 세월을 아직 벗어나지 못한 때이기도 했다. 하지만 그는 <일요일 일요일 밤에>라는 틀을 통해서 말의 공격성이 코미디의 핵심이 될 수 있음을 보여 주며 화려하게 날아올랐고, 코미디도 그와 함께 자기 억제의 굴레를 벗을 수 있었다. 그 후 주병진은 토크쇼의 대표 주자가 되었지만 간격을 두고 두 번의 <주병진 쇼>(MBC, 1995~6)를 맡았을 뿐, 엄격한 자기 관리를 보여 줌으로써 또 다른 놀라움을 안겨 주었다. 그리고 1998년 그의 세 번째이자 지금까지로 볼 때 마지막인 토크쇼를 만들었다. 그 프로그램이 <주병진 데이트 라인>이다.

그런데 이번에는 연예 토크가 아니다. 물론 앞서 두 번의 토크쇼에서도 연예인뿐 아니라 정치인들을 초청했고, 환경 미화원이나 히피족과 술잔을 기울이며 대화를 나누기도 했지만 중심은 어디까지나 연예 오락이었다. 그런데 <주병진 데이트 라인>에서는 정보와 보도를 중심에 두고 있다. 작은 차이일 수 있지만 발상의 전환이란 측면에서 혁신적이었다(담당 프로듀서만도 다섯 명이나 될 정도로 방송사에서 역점을 두는 프로그램이었다.) 주병진의 공격적인 언어가 이제 연예계의 틀을 넘어 바야흐로 사회로 확장될 것이기 때문이다. 보도석에 주병진을 앉힌 것은 주어진 원고를 읽기만 하라는 뜻이 아니지 않겠는가.

하지만 갈수록 대단히 실망스러워졌다. 물론 프로그램에 제작진의 정성이 배어 있음은 느껴졌는데, 집중 분석 한 황소 개구리, 도심의 벌떼, 식인 상어 등은 참 흥미로운 볼거리를 제공했고, 홈리스 하루 체험이나 거지 체험, 전화방 등 진행자가 직접 참여하는 현장 르포는 과감한 시간 투자가 아닐 수 없다. 하지만 그러한 정성과 투자가 그만한 효과를 거두고 있는가에 대해서는 의문이 든다. 그 까닭은 바로 진행자가 주병진이기 때문이다. 그는 풍자에 관한 한 가장 큰 잠재력을 가지고 있는데 반해 잠입 르포에는 그의 높은 지명도가 오히려 거추장스럽다. 가령 전화방 통화 여성과의 직접 대면이 다른 사람에 의해 이루어졌다면 오히려 더 많은 이야기를 끌어 낼 수 있었을 것이고, 자신의 정체를 완전히 은폐시킨 거지 체험은 굳이 주병진이 나서지 않았어도 될 것 같다. 황소 개구리 사냥에 직접 나선 것은 다만 '스타가 욕봤다'는 갸륵함 이상을 느끼기 어려웠다. 즉, 거지 체험은 주병진이 아니었어도 충분히 흥미롭고 의미 심장한 현실을 보여 줄 수 있는 아이템이었던 반면, 반대로 다른 아이템들은 주병진이 갔음에도 불구하고 별다른 감흥을 주지 못했다.

주병진의 강점은 대화의 가닥을 잡아가는 그만의 독특한 방식에 있다. 그는 마구 흐트러진 말들을 한 순간 다잡을 수 있다. 어떻게? 그 발언자들을 면박줌으로써. 반대로 상투적인 대화에 변화와 일탈을 기하기도 한다. 어떻게? 정상적인 구문과 사고 방식을 돌려 침으로써. 가령 1998년 월드컵 한국 : 멕시코 전을 앞두고 경기 결과 예측을 전화로 응모받을 때 그러한 주병진류 대화법이 잘 나타났다. 선택지는 1번 한국 승리, 2번 멕시코 승리, 3번 무승부였는데, 동료 진행자가 "응모자들이 모두 1번을 선택할 텐데 다른 번호는 왜 해 놨을까요?" 하고 나름대로 재치를 발휘했지만, 주병진에 의해 즉각 되치기 당했다. "아니에요, 멕시코 분들도 계시잖아요." 필시 대본에 없는 순발력이었으리라.

그런데 과거 <주병진 쇼>의 경우, 그의 그러한 송곳 되치기 장기가 정치인들과의 대화에서 현저하게 약화되던 기억이 난다. 그것이 스스로의 몸조심에서 비롯된 것인지 아니면 방송사의 몸조심 때문이었는지는 모르지만, 하여간 <주병진 데이트 라인>은 프로그램 성격상 시사 풍자가 본격화할 것으로 기대했음에도 불구하고 거기에 크게 못 미쳤다. 공해 관련 보도에 덧붙여 "시화호 물에 밥 말아먹게 하고……"식의 논평은 그 발상도 따분할 뿐더러 주병진의 호흡마저 엉켜 더욱 썰렁했다. 그간의 경험으로 미루어 볼 때 호흡이야 차차 안정되어 노련함을 갖춰갈 테지만, 시사 풍자의 격은 어떻게 갖출 것인가? 초기에는 주병진 한 사람을 보려는 시청 동기 덕택에 근근히 지탱해 가겠지만, 풍자의 지평을 만들어 내지 못하면 중도 하차의 당사자는 공동 진행자 설수진이 아니라 이 프로그램 전체가 될 지도 모른다.

이것은 프로그램의 핵심에 해당하는 문제이기 때문에 진작 파일

렷 프로그램 형태로 시험을 거치는 것도 좋았을 것이다. 즉, 보조 진행자의 미숙함이 뒤늦게 발견된 것도 준비 기간의 잘못으로 지적될 수 있다. 다만 시의성 있는 보도 내용을 수용하는 것에 그치고 있는 생방송의 묘미를 더 잘 살릴 수 있는 현장 연결 방안 같은 것을 더 궁리한다든지, 별채 대담의 지루함을 보상하기 위해서 방자 *kicker* 역할을 도입한다든지, 시사 풍자의 수위를 어느 선까지 높일 수 있을지 파악하기 위해 이렇게 저렇게 실험을 해 본다든지 하는 등 파일럿 프로그램을 통해서 이른바 평가전을 몇 차례 가져 보는 것이 좋았을 것이다.

또 프로그램 구성에 있어서도 토요일과 일요일의 구분이 느껴지지 않고, 보도 아이템들이 뉴스의 재탕에 머물 뿐 주간 매거진으로서의 심층성으로 연결되지 않았다. 그로 인해서 다만 프로그램의 성격을 연예 토크쇼와 구분짓기 위한 임시 방편의 포장일 뿐이라는 생각을 갖게 했다.

그래서 <주병진 데이트 라인>처럼 강한 개성과 자질을 가진 진행자가 시사적 성격을 띤 토크쇼라는 새로운 양식을 시도하는 프로그램은 분명한 선택을 할 필요가 있다. 주병진의 특성을 적극 활용할 것인지, 아니면 프로듀서가 적극 개입함으로써 기획에 무게를 둘 것인지를 말이다. 주병진의 특성을 살리려면 지나친 격식과 대본에 의한 규정보다는 애드립을 통한 일탈의 여지를 더 주어야 한다. 이 때 시사성과 정보성은 현격하게 떨어질 수 있다. 하지만 무난한 토크쇼로 자리잡을 수 있다. 그것이 싫다면 주간 시사 매거진으로서의 심층성을 띠어야 할 것이다. 다만 잡다한 뉴스의 재탕과 썰렁한 논평을 나열하기보다 소수 아이템에 집중한 과감한 풍자로 가야 한다. 현장 잠입에 들이는 공을 말의 공격성 확립 쪽으로 돌려보면 어땠을까. 같은 사회 문제를 다루더라도 주병진의 캐릭터는 무력한 "쯧

쯧쯧" 쪽보다 당찬 "낄낄댐" 쪽이 더 잘 어울리고 또, 큰 의미를 가질 수 있다고 보는데 말이다.

(2) 시트콤, 쉬운 편성 어려운 제작

시트콤에 대한 우리 방송사들의 태도를 한 마디로 평하자면 얄보다 큰 코 다친 격이라고 할 수 있다. 공식적인 첫 작품인 <오박사네 사람들> (SBS, 1993. 2~10) 의 성공 이후 다른 방송사에서도 모두 시트콤을 편성했지만 결과는 참담한 실패였다. 뒤를 이은 <오경장>(SBS, 1993. 11~1994. 4) 역시 <오박사네 사람들>의 자기 모방에 머물러 결국 시청자들로부터 외면당했다. 그 뒤 한 1년 정도 3개 방송사에서 모두 시트콤이 사라지기도 했다. 그 기간 동안 암중 모색한 사람은 주병대 프로듀서뿐이었던지, 그는 <LA 아리랑>(SBS, 1995. 5~1996. 6/ 1996. 10~ 2000. 4)을 통해 화려하게 권토중래했다. 이번에도 역시 다른 방송사에서 시트콤들을 줄줄이 따라 편성했지만 성공의 영예를 나눠 갖지는 못했다.

어째서 시트콤들은 이처럼 주병대 프로듀서의 두 작품을 빼고는 태작의 반열에도 들지 못한 채 사라져 버린 것일까? 시트콤들의 전반적인 실패에 대해 송창의 프로듀서는 시간량과 에피소드 구성에 대해 핵심적인 지적을 한 적이 있다. 일정한 공간을 배경으로 한정된 인물들이 그들에게 주어진 한 가지 상황을 통해 웃음을 주어야 하는 시트콤의 성격상 50분은 너무 길다는 결론이다. 시간이 길다 보니 한 회에 등장하는 인물도 많아지고, 상황도 파생을 거듭해 재미의 초점이 사라져 버린다는 것이다. 그래서 그가 기획한 시트콤이 25분짜리 <남자 셋 여자 셋>이다. 이 작품은 썰렁한 초반 몇 개월을 넘기면서 저녁 7시대의 터줏대감으로 자리를 잡았고, 토요일과 일요일의 연속 재방송 또한 본 방송에 시간을 맞추기 어려운 시청자들을 끌어 모으는 흡인력을 발휘했다.

이렇게 약 5년 동안 십 수 편의 시도 가운데 단 세 편이 그나마 시트콤 보는 재미를 제공했으니, 시청자 입장에서는 시트콤이 시청 시간을 투자함에 있어서 정말 비효율적인 장르임에 틀림없다. 하지만 방송 시간 때우기라든가 IMF식 내핍 프로그램으로 즐겨 채택되는 것으로 볼 때 방송사에서 느끼는 시트콤의 매력은 값싼 제작비 요인뿐이라는 생각을 하게 된다.

미국에서는 시트콤이 큰 인기를 끄는 장르이고, 따라서 형식이나 에피소드 구성, 대사 등에서 대단한 발전을 이룩해 냈으니, 우리도 그것을 본뜨기만 하면 기본적인 성공을 이룰 수 있지 않을까? 하지만 조금 더 생각해 보면 그러한 근사한 모델 텍스트가 있다는 점이 오히려 시트콤 제작에 어려움으로 작용할 수도 있다. 그 형식이 이미 완성된 상태에서 이식된 장르이다 보니 장르의 기본 공식을 베낄 수는 있어도 축적된 제작 경험까지 얻어올 수는 없는 일이다. 자연히 피상적인 흉내내기에 머물게 되고, 거기에 더하여 대표적인 흥행작들로 유명한 미국 텍스트들에 대한 콤플렉스까지 작용해 눈에 거슬리는 과장된 동작과 대사에 매달리게 된 듯도 싶다. 미국과 한국 시트콤 사이의 핵심적인 차이는 형식상의 완성도에만 있지 않다. 그보다 더 근본적인 제작 체질의 차이가 문제이고, 그것은 결국 시트콤을 손쉬운 장르로 보는 방송사의 태도가 바뀌어야 극복될 수 있는 문제이다.

시트콤과 관련해 가장 먼저 개선되어야 할 점으로 수없이 지적되어 온 작가 문제이다. 하루 한 가지씩 소요되는 아이디어를 공급하려면 아이디어 제공 작가를 많이 확보해야 한다. 그런데 제작비 절감 동기에서 편성된 시트콤에 그러한 지원을 기대할 수 있겠는가.

결국 해답을 알면서도 다른 길을 찾아 나서야 하니 일이 잘 될 리가 없다. 더욱이 시트콤 장르에 대한 이해와 경험이 풍부한 작가는 전무한 상태에서 시트콤이 시작되었으니, 담당 프로듀서들은 장르의 전도사 역할과 작가에 대한 교사 역할까지 겸해야 했으리라.

코미디나 드라마에 대해 주장할 수 있는 시트콤의 고유성은 무엇일까? 장소가 제한된다거나 회상이 금지되어 있다거나 관객의 반응을 즉각 받아가면서 연기자들이 흥을 낼 수 있다거나 하는 점들은 모두 오픈 세트에서 연기가 이루어짐으로써 부가되는 특징들일 뿐 시트콤의 철칙은 아니다. 가장 핵심적인 것은 등장 인물들의 캐릭터로 승부를 건다는 점이다. 한 회에 하나씩 던져지는 상황은 바로 그 내재된 캐릭터를 밖으로 투영시키기 위한 스크린 구실을 한다. 에피소드들은 캐릭터를 부각시키기 위해 고안될 뿐이기 때문에 시간을 두고 발전할 필요가 없다. 그래서 시트콤은 늘 제자리로 돌아오는 폐쇄 구조를 띤다.

캐릭터의 표현은 대개 깜찍한 대사를 통해 이루어진다. 가령 삶 속에서 어떤 사람이 흔히 예상하지 못한 재치 있는 반응을 보인다거나 그 상황을 간명하게 돌려 쳐 표현할 때 우리는 대단히 유쾌한 기분을 맛보곤 한다. 옆에 그러한 사람이 늘 함께 있다면 무미 건조한 삶에 얼마나 큰 활력소가 되겠는가. 시트콤은 바로 그러한 기쁨을 제공해 주는 장르이다. 실생활에서는 1년에 한두 번 만날까 말까한 그러한 소중한 순간들을 시트콤에서는 전문적인 연출을 통해 하루에 한 번씩 만날 수 있게 해 준다. 이 같은 재치 있는 대사나 반응을 창출해 낼 때마다 TV 앞일망정 마음으로 박수를 치게 된다. 예를 들면, 캐릭터들 간의 팀워크가 다져진 <남자 셋 여자 셋>과 오지명의 뒤를 이어 시트콤의 기린아로 등장한 <LA 아리랑>의 이영범, 그리고 다른 일을 하면서도 문득문득 떠올라 웃음 짓게 하는 <순풍

산부인과>(SBS, 1998~ 2001)의 어눌한 박영규 등에게서 그러한 캐릭터의 성취를 목격할 수 있다.

이처럼 캐릭터가 중시되는 시트콤에서는 그렇기 때문에 작가뿐만 아니라 연기자에게도 자신의 캐릭터에 대한 체화가 중요하다. 흔히 코미디언을 많이 캐스팅하지만, 그들이 많은 경우 오히려 꿔다 놓은 보릿자루 마냥 어색할 경우가 많다. 이는 등장 인물의 특성을 체한 연기 역량이 없는데 원인이 있다. 마찬가지로 드라마에서는 코믹 연기도 한몫 보는 연기자들도 시트콤에서 성공하기 어려운 까닭은 짤막한 한 번의 호흡으로 상황의 핵심을 찔러야 한다는 데 익숙하지 못하기 때문이다. 그만큼 시트콤 연기는 어렵기도 하거니와 자신의 캐릭터를 연기자 스스로에게나 시청자에게 익숙하게 만들기 위한 인내의 시간과 애정이 요구된다. 그런데 최근 시트콤이 다시 남발하면서 한 연기자가 두 편에 동시에 출연한다거나, 한 쪽에서 다른 쪽으로 옮기는 경우가 생긴다. 과연, 그 캐릭터가 잘 살아날 수 있겠는가.

결론적으로 말해서 시트콤을 잘 만들기란 참 어렵고, 이 어려운 장르를 그저 보통 수준의 시청률을 올린다는 건 그보다 더 어렵다. 그렇기 때문에 지금처럼 다만 편성상의 필요에서 급조하는 방송사의 태도가 개선되지 않고는 제작진이나 시청자 모두에게 피해 가고 싶은 3D 프로그램 처지를 벗어나기 어렵다.

5) 텔레비전은 소비한다, 고로 존재한다

텔레비전은 수많은 프로그램들을 생산한다. 거기에는 역사와 시사 문제와 생활 정보, 노래와 춤, 개그, 예술, 책, 운동 경기 등등 없는 것이 없다. 그런데 이 수많은 텍스트들은 이미 존재하는 그 무엇을

소통 거부의 징후를 나타내는 <코미디 하우스> "허무 개그"의 한 장면. 이는 사회적으로 유통되던 재담을 텔레비전에서 소비하는 사례를 보여 준다.

소비하고 있다. 텔레비전은 문화적 자원들을 왕성하게 소비하면서 프로그램을 생산하고, 그 밑거름이 된 자원들은 급속하게 그 빛이 바래고 또 사라져 간다.

텔레비전은 유행을 소비한다. 시중에 덩달이 시리즈가 유행하면 코미디 프로그램에서는 덩달이와 썰렁이가 등장하고, 썰렁 개그가 유행하면 썰렁 개그 코너가 생긴다. 서태지와 아이들의 랩 댄스곡이 크게 히트를 치면 텔레비전 속 대중 가요 판도는 랩 댄스곡들로 흘러넘친다. <모래 시계>(SBS, 1994~5)가 히트를 치면 설정을 조금 바꾼 폭력물들이 난무한다. 그리고 그러한 아류작들은 모두 평균적인 흥행 성적을 거둔다. 이렇게 텔레비전은 흥행성이 검증된 것들을 소비한다.

텔레비전은 고정된 이미지를 소비한다. 한번 특정 이미지로 뜬 연기자는 평생 그 이미지의 배역을 맡는다. 마치 <전원 일기>(MBC, 1980 ~2002) 김회장 부인이 고향의 맛을 대변하듯이 말이다. 그뿐만 아니라 치과 의사는 껌 광고의 모델이 되고, 신문방송학과 교수는 옴부즈맨 프로그램 사회자가 된다. 예진 아씨와 최음제, 아름다운 청년과 병역 기피 사이의 이미지 괴리가 배신감 운운하는 사회적 반향을 만들어 낸다. 이처럼 소비재로서의 이미지 가치가 매우 높다는 것은 언제나 검증되어 온 사실이다.

텔레비전은 기존하는 에피소드를 소비한다. <태조 왕건>(KBS1, 2000~2)에서 태평은 남동풍을 불러 적벽대전을 재현했고, 최승우는 어느 날 제갈량의 부채를 들고 전장에 나타났으며, 자기 눈알을 삼킨 금강은 하후돈의 모사이다.

추억과 향수도 텔레비전의 주요한 소비재이다. 그 방식은 다양해서 <그 때를 아십니까>(MBC, 1982) 류의 프로그램을 통해서 추억의 단편들을 실사 형식으로 소비하기도 하고, <아들과 딸>같은 복고풍 드라마들을 통해서 윤색되기도 한다. <가을 동화>(KBS2, 2001)로 복귀한 신파의 이야기 구조는 제목마저 비슷한 <겨울 연가>(KBS2, 2002)로 되풀이 된다.

즉, 텔레비전은 이미 널리 알려진 것, 익숙한 것, 인지도 높은 재료들을 소비한다. 이런 무한 소비의 메커니즘은 흥행의 불확정성에서 비롯되는 것이고, 더 근본적으로는 상업주의가 추동한 것이다. 이렇게 끊임없이 소비됨으로써 방송 자원들은 금세 그 생동력을 잃는다. 어제 신인 가수가 오늘 노장이 되어 내일이면 은퇴식을 갖거나 그도저도 없이 사라져 버린다. 그래서 코미디언들은 그 소멸의 주기를 늦추기 위해 비교적 노화 속도가 느린 진행자로 나서려고 애쓴다. 한 번 퇴장했던 연예인들은 뜬금 없이 마라톤을 하거나 책을 쓰거나, 코미디언이 장르를 옮겨 음반을 내는 등 자가 발전 이벤트를 통해 와신상담한다. 이는 대중적 인지도를 높이고자 하는 것이다. 그러면 텔레비전은 기다렸다는 듯이 다시 한 번 그 인지도를 소비시켜 준다. 그러면서 텔레비전은 존재한다.

2. 풍자 너머

1) 자아의 대면

(1) 기호 밖으로: <일요일 일요일 밤에> 코믹 다큐멘터리

서울서 나서, 서울서 자란 이 땅의 20, 30대들의 추억의 지향점은 어디일까? 그 다양한 양상이야 모두 추스르지 못하더라도 한 가지 공통점을 댄다면 그것은 아마도 어린 시절에 보던 텔레비전과의 만남이 아닐까 생각한다. 그래서 텔레비전 추억하기는 멀리 지나간 시절로 날아갈수록 더 진한 향수를 불러일으킨다.

　　지금도 가끔 보여 주는 드라마 <여로>(KBS, 1969~71)의 마지막 장면이라든가, <쇼쇼쇼>(동양방송, 1964~80)에 출연한 진짜 젊은 오빠인 가수 조영남이 노래하는 모습, 진로 소주 만화 광고 등을 다시 보면서 느끼는 감회는 특정 프로그램의 한계를 뛰어넘는 것이다. 가령 <이야기 쇼 만남>(MBC, 1992~3)이라는 프로그램에서 10대들을 대상으로 '다시 보고 싶은 TV 프로그램'을 조사한 적이 있는데, 높은 순위를 차지한 프로그램들은 종영한 지 얼마 되지 않은 것들이었다. 이처럼 '다시 보고 싶다'고 할 때 그 욕망의 대상은 프로그램 자체지만, '펄 시스터즈'의 공연 모습, 이기동의 코미디 연기, 그리고 "타미나~" 하고 청아하게 외치는 화장품 광고를 다시 보고 싶다고 할 때의 욕망의 대상은 그 프로그램 자체라기보다는 그것을 매개로 하여 떠올리게 되는 그 시절을 살았던 '나,' 곧 자기 자신이다. 물론 그 때의 '나'는 당시의 대중 문화와 일상 생활 체험들이 구성하는 의미와 정서의 그물 한가운데에 놓인 존재이다.

내가 <쇼쇼쇼>를 특히 그리워하는 까닭은 이발소와 관계가 있다. 그 시절 일요일 저녁이면 동네 어른들이 이발소에 가득 찼다. 저녁 진지 드시라고 아버지를 찾으러 들어간 이발소 텔레비전에서는 간혹 김일의 레슬링을 하기도 했지만 대개는 '이 시스터즈'의 "남성 금지 구역 어쩌구" 하는 노래가 나오는 <쇼쇼쇼>가 방송되고 있었다. 1960~70년대 서울 변두리의 이발소는 당시 중년 남성들의 휴식 공간이었다. 따라서 그 이발소 풍경 자체가 당시 일상 생활 속의 대중 문화의 한 양상이기도 했다. 또, '라보떼'라는 여성복 광고를 다시 보면서 그 뜻을 '아름다움'이 아닌 '라면으로 보통 때우는 사람'의 줄임말로 쓰이던 시절을 떠올리는 특정 세대라면, 그들에게 예전의 텔레비전 화면들은 메시지 자체로써가 아니라, 지나간 시절에 대한 그리움을 불러일으키는 상징이자 일종의 시간 여행을 하게 해 주는 '스타 게이트'로써의 의미를 갖는다.

이렇게 시청자에게 아련한 향수를 자극한다는 점에서 흑백 화면 자체가 하나의 표현 형식이 될 수 있다. 과거라는 시간성, 기억과 회상이라는 행위 그리고 향수와 그리움이라는 감정 등을 한데 버무려 표현하는 것으로서 말이다. 따라서, 단순히 지나간 프로그램들의 리바이벌에 머물지 않고 이 흑백 화면에 의도를 개입시켜 새로운 텍스트를 만들어 낼 수도 있을 것이다. 그 예가 바로 <일요일 일요일 밤에>의 "코믹 다큐멘터리, 방송에 산다"이다.

1993년 9월 19일에 방송된 "코믹 다큐멘터리, 방송에 산다" 2편에서는 작곡가 손무현의 하루 생활을 유신 시절 문화 영화 형식을 흉내내어 보여 주었다. 이 작품은 패러디가 줄 수 있는 즐거움과 풍자성을 그대로 시청자들에게 선사했고, 이로써 흑백 화면 현상은 복고 취향을 위로해 주는 도구에서 한 차원 더 높은 새로운 표현 형식으로서의 길을 찾았다고 할 수 있다. 어제의 우리 생활에 특정식의

1970년대 국민 계도 영화 스타일을 패러디하여 웃음을 준 "코믹 다큐멘터리" 제작 모습.

상징성을 부여하던 국민 계도 프로그램의 형식을 패러디함으로써 시청자들로 하여금 지난 날 우리가 어떤 상징 생활을 했었는가를 되돌아 보게 한다는 점에서 그렇다.

'코믹 다큐멘터리, 어느 모범 가수의 하루' 편을 보면서, 문어체 대사와 생경한 주제 의식, 틀에 박힌 행진곡풍 배경 음악 등에서 많은 사람들이 문화적 이질감 즉, 지금의 영상 관습과 비교할 때 받게 되는 촌스러운 느낌을 가졌을 것이다. 이 점은 또한 재미의 주요 요소로 작용했을 것이다.

그러면서 시청자들은 저마다의 다양한 삶의 모습들을 그 흑백 화면 위에 겹쳐 보았으리라. 1960~70년대에 성장기를 보낸 시청자들은, 아침 이부자리에서 일어나며 "오늘도 보람찬 하루를 시작해야지" 하고 독백하는 손무현의 모습을 통해 가장 개인적인 공간에서조차 어떤 거대한 압력과 감시의 시선 속에서 가식적인 몸짓을 보여야 했던 그 당시의 삶을 떠올리지는 않았을까? 나는 '질서,' '내 한 몸 희생' 운운하며 행진곡풍의 배경 음악에 맞춰 걷는 손무현을 보면서 문득 초등학교 때 월요일이면 있던 운동장 전체 조회를 마치고 교실로 들어가던 당시 정황이 떠올랐다. "야! 발 맞춰" 하며 서로가 서로의 일탈을 감시하고 금지하던 그 시절의 가련한 삶이 말이다. 몇몇 독재 정권 구성 인자들의 영달을 위해, 혹은 착각한 애국 애족의 성취감을 위해 그 수많은 사람들의 추억이 싸늘한 기운에 휩싸여 있음을 생각할 때, 오늘 우리의 대중 문화와 텔레비전 프로그램들은 장차 어떤 추억으로 남을는지 다시 생각해 보지 않을 수 없다. 그것이 흑백 화면을 보면서 다시 오늘의 컬러 화면을 떠올리게 되는 이유이다.

(2) 기호 속으로: <일요일 일요일 밤에> "TV 인생 극장"

오래 전 어느 선배가 승용차를 몰고 가면서 교통 방송을 듣게 되면 묘한 기분이 든다는 말을 한 적이 있다. 어느 날 문득 그 기분에 공감이 갔다. 교통 체증이 심한, 가령 서울역 근처에 정체되어 있고 내가 라디오 주파수를 교통 방송에 맞추었을 때, 거기서 "지금 서울역 근처 도로는 체증이 심하니 이 근처를 지나는 차량들은 참고하시기 바랍니다……"라는 내용이 흘러 나온다고 하자. 그 '서울역 근처 체증'이라는 기호 속에는 그 실체로서, 혹은 그 내용 구성물로서 바로 나 자신도 들어 있는 것이 아닌가. 또는 다른 방향에서 볼 때, 서울역에 머물고 있는 승용차 속의 나는 어떤 거대한 울타리 안에 갇혀서 한마디 기호로 규정되고 있는 것이 아닌가. 기호를 듣는 나와 그 기호 속에 들어 있는 나, 그리고 그 기호 속에서 다시 기호를 듣는 나와 또 그 기호 속에 들어 있는 나…… 이런 식으로 기호와 실체의 관계는 무한소의 영역으로 퇴행하거나 아니면 무한대의 영역으로 확장되는 것은 아닌가. 그렇다면 기호가 나의 중심(지배자)이라는 말인가.

이 묘한 기분의 내용을 굳이 소개하는 까닭은 그 자체에 대한 공감을 구하기 위해서라기보다는 그것이 텔레비전과 시청자의 관계를 이해하게 하는 한 상징이 될 수도 있겠다는 생각에서다. 드라마의 감정 이입, <경찰청 사람들>(MBC, 1993~8) 같은 프로그램의 박진감, 뉴스 화면이 주는 현장감 등은 시청자들로 하여금 텔레비전 화면 속의 그림들이 모두 일정한 작용을 통한 결과물이라는 사실을 생각지 못하게 한다. 그러므로 그 그림들은 늘 그러한 모습이어야 한다고 생각할 뿐 얼마든지 다르게 다시 그릴 수 있다고 여기지 않게 되는 것이다. 다만 그대로 그렇게 받아들이고 그대로 그렇게 있는 것이라고 생각할 따름이다. 결국 세상도 우리의 생각도 텔레비전에서 나오는 기호들 속에 갇혀 있는 셈이고, 그러한 작용이 이루어질 수 있는 근원이 바로 기호임을 잊는 데 있다.

하지만 텔레비전 화면 속의 그림들이 현실 자체가 아닌 그에 대한 상징물임을 드러낸다면 어떨까? 그러면 지금까지와는 다른 재미를 맛볼 수 있지 않을까?

1992년 MBC에서 방송된 드라마 <춘원 이광수>는 바로 텔레비전 드라마의 액자 형식을 통해 이야기 속의 이야기, 기호 속의 기호를 드러낸 예이다. 즉, 액자 속 이야기는 이광수의 삶이고 액자 바깥의 이야기는 그 이광수의 삶을 드라마로 만들려는 방송 작가(김갑수)와 프로듀서(최수종)가 이광수라는 인물을 탐구하는 것으로 구성되어 있다. 이들 방송 작가와 프로듀서는 비디오 편집기를 사이에 두고 이광수의 삶에 대한 의논을 나누다가 편집기의 플레이 버튼을 누른다. 그러면 편집기 모니터 속에서 펼쳐지는 이광수의 삶이 드라마로 이어진다. 이렇게 편집기 모니터 속으로 곧, 기호 속으로 들어가고 그 바깥으로 나오는 형식을 통해 이 드라마는 현실의 프로듀서가 화면 속 연기자 프로듀서가 했듯이 여러 고민과 작업 과정을 거쳐 만들어 낸 기호임을 알게 하는 2차 깨달음을 주게 된다. 상황을 구성해 나가는 과정을 지켜보게 함으로써 그 재현된 상황에 대한 거리 두기와 지배 감각을 갖게 해 주었고, 그것은 정말 텔레비전 시청의 새로운 즐거움이 되었다.

하지만 <춘원 이광수>의 경우에는 그 이야기의 준거가 되는 역사적 사실이 워낙 큰 상황 결정력을 갖고 있었다. 그래서 주인공의 삶을 드라마로 형상화하는 데 제작자가 개입할 수 있는 여지가 근본적으로 제한될 수밖에 없었다. 그렇다면 아예 이야기를 시어낸다면 기호에 대한 지배 욕망을 더 잘 충족시킬 수 있지 않았을까?

그 예가 <일요일 일요일 밤에>의 한 부분으로 시작한 "TV 인생 극장"(1993~4)이다. 일상 생활 속에서 사소해 보이는 어떤 선택으로 인해, 멀게 보아서 인생의 가는 길이 크게 달라질 수도 있다는 기본 구상에 따라 짧은 드라마 형태로 만든 코미디이다.

"TV 인생 극장"에서는 인간 인식 능력의 한계에서 비롯되는 삶의 불확실성과 역설적이게도 그러한 인식의 한계를 대변하는 여러 고정 관념 속의 삶의 인과율들을 한데 얽어서 두 갈래 길을 모두 가 본다. 그 출발점에 주인공 이휘재가 "그래, 결정했어!" 하고 내뱉는 선언은 얼마나 박력 있고 흥미진진한 기대감을 갖게 하는가. 그러면서도 그 두 삶의 진행은 우리의 상식선을 한 치도 벗어나지 않음으로써 알지 못하는 미래로 모험하는 데 따르는 불안감을 달래 준다. 그리고 또 삶을 이렇게도 만들고 저렇게도 만들어 보는 놀이를 제공해 준다. 이 내용은 완전히 허구이기 때문에 기호에 대한 지배 감각도 그만큼 크다. 마치 컴퓨터 게임에서 플레이어가 주인공에 대한 동일시와 동시에 그 삶에 대한 지배력을 함께 느끼듯이 말이다.

기호에 대한 이런 관계는 근본적으로 VTR과 같은 복제 장치들에 기반한다. 그러면서 인간은 그 복제 기계들을 가지고 기호 놀이를 수행하면서 마침내 기호와 삶의 관계를 융합시키게 된 것인지도 모르겠다. 과거 시청자들이 드라마 속에 몰입했던 행태가 현실 도피였을지는 몰라도 거기에는 여전히 삶과 기호의 분리 그리고 기호에 대한 삶의 우위가 있었다면, 이제 기호에 대한 인간의 지배 감각이 오히려 삶과 기호의 분리 불가능성에 이르게 한 것은 아닐까?

2) 나는 돌아본다, 고로 존재한다

(1) TV 나르시시즘 1 — 향수 프로그램의 욕망

몇 년 전 한꺼번에 등장했던 이른바 '돌아보기 프로그램'들을 살펴보면, MBC의 <그 사람 그 후>(1994)와 KBS의 <TV는 사랑을 싣고>(1994~현재)가 후일담 청취라는 새로운 요소를 추가시켜 먼저 얼굴을 내밀었다. MBC는 <TV 시간 여행>(1995)을, KBS1은 <광복 50년 시간의 징검다리>(1995)와 <그 때 그 사건>(1995)을 신설하기도 했다. 라디오에서도 MBC <지금은 라디오 시대>의 '라디오 리메이크'라는 순서에서 가끔 꽤 오래 전 라디오 프로그램(가령 <김자옥의 사랑의 계절>)의 한 부분을 다시 들려 주었다.

먼저 이런 종류의 프로그램들, 즉 돌아보기 자체를 즐기고자 하는 프로그램들을 무엇이라고 불러야 할까? 물론 복고 프로그램은 아니다. 이 프로그램들은 과거의 영상을 다시 보여 줄 따름이지 프로그램 형태 자체가 옛 모양으로 돌아간 것은 아니기 때문이다. 회고 프로그램이라 부르기도 썩 적절하지 않다. 과거를 돌아보는 행위가 모두 그 돌아보기 자체를 즐기려는 데 동기를 두고 있지 않기 때문이다. <역사의 라이벌>(KBS1, 1995)이나 사극들, 혹은 가까운 과거를 시간적 배경으로 하는 드라마들도 모두 '회고'를 행하고 있기는 해도 그 회고 자체를 목적으로 하지는 않는다. 신설된 <그 때 그 사건>은 지나간 사건과 재판 기록을 돌아보고 있기는 해도 그것은 선례에 대한 검토에 가깝다. 즉, 이런 프로그램들에서 이루어지는 회고는 다른 이야기를 더 잘하기 위해 행해진다는 점에서 기능적이다. 물론 이 경우에도 부수적으로 옛모습을 다시 보는 즐거움을 얻을 수 있기는 하다. 그런데 <시간의 징검다리>와 <TV 시간 여행>, 전에 방송된 <출발 시간 여행>(KBS1, 1992) 그리고 후일담을 첨가한 <그 사람 그 후> 등은 '돌아보기' 그 자체를 목적으로 하고 거기에서 즐거움을 얻으려고 하는 프로그램들이다. 일종의 'TV 현상'이 바로 이것이다. 그래서 생각해 본 이름이 '향수鄕愁 프로그램'이다.

향수 프로그램이 성립하려면 즉, 돌아보기 욕망이 생성되어야 한다. 또 그것을 충족시켜 주려면 기본적으로 갖춰야 할 요건으로서 먼저 시청자의 체험이 있어야 한다. 또 그 체험을 과거로 분류시키는 정서가 있어야 한다. 예를 들어 보자. 비디오로도 나오고 유선 방송 채널에서도 가끔 해 주는 <우주 소년 아톰>이 지금 어린이들에게는 조금 엉성한 또 한 편의 만화 영화일 뿐이지만, 서른이 넘은 다 큰 사람들에게는 추억 속의 친구로 다가온다. 20대에게 그룹 '소방차'는 어릴적 추억 속의 가수들이 재기한 것으로 여겨지지만 50대에게는 여전히 생소한 신세대 가수일 뿐이다. 옥수숫대를 간식으로 빨아 먹었다는 서세원의 말이 40대에게는 유년의 추억거리일지 몰라도 30대에게는 알지 못하는 역사에 대한 따분한 증언일 따름이다.

향수 프로그램이 성립하려면 또한 그러한 과거 체험에서 비롯된 기억을 재현할 당시의 실제 상이 제시되어야 한다. <TV는 사랑을 싣고>나 <그 때 그 사건>의 재현 화면으로는 향수 욕망이 채워지지 않는다. 그것은 모조품이기 때문이다. TV 화면이나 영화의 장면

자료 필름을 통해 과거의 사회사를 퀴즈로 풀어 보는 <출발 시간 여행>.

자체가 현실의 모사이긴 해도 사람들은 그 모사물을 진품으로 접해야지 모사의 모조를 원하지 않는다. 이제껏 그 자체 모사물인 TV 화면이 진품의 지위를 얻게 되는 근거는 그것이 우리의 일상 생활 속에 있었기 때문이다.

　바로 이와 같은 일상성이 대중 문화를 향수하는 욕망의 근원이다. 사람들은 자신의 지난 날 삶의 모습을 돌아봄으로써 그 때 누렸던 기분들을 다시 맛보고 싶은 것이다. 비록 삶의 전체 모습은 아니더라도 시간 여행을 떠날 수 있는 거의 유일한 통로가 되어 주기 때문에 TV 프로그램과 연예인들의 옛모습을 탐닉하는 것이다. 따라서 일상 생활과 더 밀착된 것일수록 더 매력적이다. 그래서 필름으로 남아 있는 백금녀와 서영춘의 권투 시합 장면도 진품의 지위를 온전하게 갖고 있지는 못하다. 당시 정규 편성되었던 <웃으면 복이 와요>의 한 에피소드 혹은 그들이 출연한 게임 프로그램의 한 장면이 더 많은 그리움을 불러일으킨다. 그러한 면에서 보면 향수 프로그램들이 비록 퀴즈와 개그와 방담 등 다양한 형태로 시도되고 있기는 해도 아직 향수 정서의 정곡을 찌르지 못하고 있다.

그 이유가 만일 방송국 창고가 비어 있기 때문이라면 나 같은 텔레비전 키드에게는 존재론적 위기로 다가온다. 앞으로만 달려나가는 현실에서 뒤쳐지지 않으려다 보니 닥쳐오는 것은 무한한 현재성이고 체험되는 것은 파편화된 순간 순간의 이미지들뿐이다. 이런 분열적인 상황 속에서 긴혹 응집된 자기의 모습을 비춰 보고 싶은 욕망이 일지만 거기에 부응해 줄 수 있는 유일한 대상은 나에게 텔레비전뿐이기 때문이다.

(2) TV 나르시시즘 2 — 향수 프로그램의 효과, 추억의 고착

사람들은 대개 나이가 들어 정년 퇴직을 하게 되면 지난 날을 돌아보고 그리워한다. 그러한 향수 정서는 비단 개인적인 차원뿐만 아니라 집단 차원에서도 찾아 볼 수 있다. 가령 정치권의 개혁에 불안을 느끼거나 염증을 느낄 경우 심지어 어떤 사람들은 유신 시절이나 5공화국 시절을 다시 떠올리기까지 한다. 그 주체가 한 개인이든 집단이든 간에 지난 시절을 향수하는 정서에는 이렇게 현재의 결핍감이 주요 동기로 작용한다고 볼 수 있다. 특히, 텔레비전에서 향수 프로그램들이 성행하는 데에는 문화의 급격한 변화를 미처 소화하지 못한 데에 기인한 불안감이 그 바탕에 깔려 있는 것 같다.

여기서 급격한 변화라고 했지만 그것이 체험되는 양상은 '무한한 현재성'이라 표현할 수 있다. 즉, 사람들은 자신이 지금 맞닥뜨리고 있는 상황을 역사적인 혹은 논리적인 맥락에서 정리하지 못하고 다만 주어지는 대로 수용해야 한다. 그 상황의 배경을 한 개인의 능

114

력으로 이해하기에 사회는 너무 복잡해졌기 때문이다. 프레드릭 제임슨 Fredric Jameson 의 용어를 빌리자면 사회가 초공간 *hyperspace* 화 했다고나 할까. 그래서 정치권에서 어제의 적이 오늘의 동지가 되는 일이 일어나더라도 다만 그 상황 자체에 대해서 자기 마음이 '어쩐지 끌리는 대로' 받아들여야지 거기에서 정당성을 구하고자 하면 골치만 아플 뿐이다.

대중 매체를 접할 때에도 마찬가지다. 어느 날은 소금을 구워 먹으면 몸에 좋다고 하더니, 다른 날이 되면 소금을 과식하면 몸에 나쁘다고 한다. 또, 좌담이나 뉴스에서는 폭력적인 프로그램의 모방 범죄를 지탄하더니, 바로 뒤이어 그렇게 지적된 폭력적인 성격의 프로그램을 같은 채널에서 내보낸다. 이러한 모순은 이제 지적하기도 진부할 만큼 일상화되어 있다. 그러니 시청자들은 다만 현재의 프로그램을 접촉할 뿐, 프로그램의 앞과 뒤를 유기적으로 연결 지을 수가 없다. 텔레비전이 부추기는 대로 분개도 하고, 매혹도 느끼고, 안타까움도 느끼고, 웃기도 하는 등 파편화된 원색적인 감정을 그때그때 즐기면 그만이다.

최근 정신 분석학에 기반을 둔 논의에 따르면, 이런 파편화된 체험으로 인해서 사람들은 자기 정체성의 분산을 겪게 되고, 그 회복을 욕망하게 된다고 적고 있다. 텔레비전의 향수 프로그램들이 매력적인 근거도 여기에 있다. 무한한 현재성만을 체험케 하는 텔레비전이 불러일으킨 불안감은 텔레비전이 다시 제공하는 과거의 영상들로 그 불안감이 해소된다는 것이다. 그 지나간 영상들을 다시 보고 있노라면 지난 날 자신의 삶이 다시 떠오르고, 그 회상들이 자기의 정체감을 확인하게 해 주고 마음을 안정시켜 준다.

그런데 매체로 인해 생긴 불안감을 다시 매체가 제공한 영상으로 달래야 하는 역설적인 상황은 그 향수 프로그램들이 사람들의 정체성 회복에 취할 수 있는 본령이 아님을 말해 준다. 그것은 텔레비전의 자기 정체 확인이며 자기애自己愛이다. 언제나 더 새롭고, 더 기발하고, 더 화려하고, 더 떠들썩하고, 더 심각한 것을 만들어 내려다 보니 분열증적인 상태에 이른 것은 정작 텔레비전이었다. 그래서 텔레비전도 이제 자신을 되돌아보게 된 것이다. 즉, 향수 프로그램들은 텔레비전의 나르시시즘의 산물임을 알아야 한다.

그러한 인식을 갖고 보면 향수 프로그램들이 발휘할 효과가 세 가지로 정리할 수 있겠다. 첫 번째는 '그 때를 아십니까' 류의 선전 효과이다. 경제 부흥으로 살만해진 현재를 부각시키기 위한 비교 대상으로서 과거를 제시한 것인데, 이런 지적은 여러 차례 있었다.

두 번째는 텔레비전 혹은 대중 문화의 자기애에 바탕한 것인데, 즉 향수 (혹은 회고) 프로그램들을 통해서 대중 문화의 일상성과 영속성을 과시하는 것이다. 1960년대에도 우리 곁에는 텔레비전이 (그리고 그와 밀접한 대중 문화가) 바로 지금과 같은 모습으로 (기능을 가지고) 존재했고, 1970년대에도 그러했으니 앞으로도 영원토록 바로 이런 모습으로 존재할 것이라는 자기 과시이다. 하지만 어느 시대에나 매체는 세상에 대한 단편적인 영상과 원색적인 정서만을 가지고 일상 생활의 틈 안으로 밀고 들어 왔을 따름이지 결코 사람들의 일상적 삶을 온전하게 반영한 적이 없다.

그래서 세 번째 효과로서 '추억의 고착 fixations'을 얘기한다. 텔레비전의 향수 프로그램들을 시청하면서 추억을 온전하게 복원시키는 것은 불가능하다. 그 프로그램들이 과거의 화면들 가운데 일부분만을 재생시키기 때문이 아니다. 과거의 텔레비전 화면들 자체가 이미 당시의 현실 가운데 극히 일부분만을 담고 있기 때문이다. 그것은 지금의 텔레비전도 마찬가지이다. 상업성을 고려하자니 소수 의견이나 취향보다는 다수의 것을 중시하게 되고, 더욱이 정치 권력과의 관계에서 다수보다 극소수의 의견이 텔레비전에서 더 중시되어 왔음을 이제 모르는 사람이 있을까.

3) 나는 관찰된다, 고로 존재한다

(1) 훔쳐보기

① 훔쳐보기의 등장

콩트 릴레이, 코미디 단막극, 시추에이션 개그 등으로 이어 온 텔레비전 코미디의 역사 속에서 <일요일 일요일 밤에>는 새로운 지평을 여는 이런 저런 시도를 했고, 그것들은 꽤 성공했다. 특히 1980년대와 구분되는 새로운 시도를 많이 함으로써 '90년대식 코미디'라는 찬사를 듣기도 했는데(<MBC 가이드>, 1990. 11), 그 몇 가지 새로운 시도들을 돌아보자면 이렇다.

먼저 코믹 버라이어티라는, 기존 장르 관습으로 볼 때 어느 하나의 장르로 묶기 어려운 어정쩡한, 그러면서 열린 장을 제공할 수 있는 탈장르적 오락 프로그램의 모델을 제시한 점을 들 수 있다. 기존의 코미디 모음 형태와 미국식 버라이어티 쇼의 형태를 결합하면서, 그 밖의 다른 어떤 형식들도 수용할 수 있는 종합 오락물의 장이 열린 것이다. 이런 추론은 그 뒤 각 방송사의 주력 오락 프로그램들이 모두 종합 오락물로 대형화해 간 것으로 뒷받침된다.

둘째, 토크 코미디의 새로운 기반을 다졌다. 주 진행자(주병진)와 보조 진행자(이경규, 노사연, 김홍국) 사이에 프로그램 진행과 연관되면서도 자꾸 곁가지를 만들며 말로 대거리를 하고 티격태격하며 재미를 배가시켰다. 이는 과거 진행자들이 코너를 소개하고 이어주는 단순 매개자 역할에 머물렀던 것과도 다르고, 짜여진 대본만을 무대 위에서 소화하는 스탠딩 개그 방식과도 다른 즉흥성과 일탈성, 주변성이 강조된 방식이다. 이런 진행 방식은 이제 각종 연예 정보 프로그램에까지 파급되기에 이르고 있다.

셋째, 여러 방식의 오락적 가능성들을 실험하고 시도하였다. "함께 배워 봅시다"는 경호원의 세계 등과 같은 이색 직업인들이 하는 일을 직접 배워 보면서 웃음을 자아내려고 했고, "별난 세상"과 "시청자 비니오"는 시청자의 참여를 유도했다. 또, "일요 진단"과 "공익 CF"는 시사 풍자의 가능성에 대한 모색일 뿐만 아니라 때때로 재치있는 아이디어들이 돋보였다. 그리고 "정다운 이웃," "스타 실험실" 등을 통해서 카메라 장난의 폭발적인 사회적 수용을 확인했다. <일요일 일요일 밤에>는 이렇게 웃음을 불러일으키는 다양하고 새로운 방식들을 시도했고, 그렇게 해서 찾아 낸 웃음의 종류도 기존의 코미디들에 비해 사뭇 다양화하는 공을 세웠다. 그리고 그 중심에 "몰래 카메라"라고 하는 훔쳐보기 놀이가 있었다.

② 몰래 카메라의 즐거움

<일요일 일요일 밤에>에서 훔쳐보기를 행한 코너는 "몰래 카메라"와 "정다운 이웃" 등 두 개였다.

"정다운 이웃"은 일상 생활의 맥락 속에 일상적인 기대를 어기는 상황을 돌연 삽입시킴으로써 그 상황에 참여하게 된 사람들이 당황해 하는 반응을 관찰한다. 한복 입은 할머니가 롤러 스케이트를 타고 건널목을 건넌다거나, 목발 짚은 환자가 그 목발을 들고 성큼성큼 건널목을 앞서 건너는 모습 그리고 금발의 중국 요리 배달부 등은 모두 일상 생활의 상투적인 기대감을 깨뜨린다. 이 때 주변에 있던 사람들의 놀라는 표정은 시청자들에게 일종의 나르시시즘과 같

<일요일 일요일 밤에> "몰래 카메라"에서 몰래 카메라였음이 밝혀지고 난 뒤 웃는 출연진과 연출자.

은 자기 확인의 즐거움을 준다. 그것은 이를테면 상식의 파괴를 통해 상식의 반응을 확인하는 따뜻한 재미라고 할 수 있다. 이 즐거움 속에는 또한 '나는 이미 저것이 조작된 상황임을 알고 있지만 그들은 모르기 때문에 아주 놀랄 것이다'와 같은 전지적 시점에 있는 '나'(시청자)와, 어리석게도 속임수에 넘어간 '그들' 사이의 차별화 욕망도 복합적으로 작용하고 있다. 그러므로 여기에도 공격성이 바탕에 깔려 있다.

　나르시시즘은 배제되고 공격성에 기반하여 훔쳐보기 공식을 본격적으로 적용시킨 것이 '몰래 카메라'이다. '공식'이라고 말하기는 어렵겠지만 훔쳐보기가 쾌감을 주기 위해서 충족되이야 하는 조건을 정리하면 이렇다. 그가 그녀를 훔쳐보고 있음을 그녀가 알고 있고, 그렇게 그녀가 알고 있다는 것을 그가 모르는 조건에서 훔쳐보기의 쾌감이 성립한다. 물론 여기서 그녀가 그것을 몰라도 상관없다. 중요

119

한 것은 그녀가 자신이 보여지고 있음을 모른다고 그가 생각하기만 하면 된다. 훔쳐보기에 대가 되는 노출증 *exhibitionism* 의 메커니즘은 한결 복잡하다. 그녀는 누군가 자신을 훔쳐보고 있음을 알면서, 그녀가 그것을 알고 있는 줄을 그가 알고 있지만, 그렇게 그가 알고 있다는 것을 그녀에게 알리지 않는 조건에서 성립한다(Lacan, 1977). 즉, 몰래 보고 있은 척 해 주는 조건에서 노출증은 충족된다. 이처럼 '광장에서의 외면'과 견주어 본 '밀실에서의 내면'이 노출되기를 탐욕하는 시선의 원초적인 욕구를 몰래 카메라기 충족시켜 줄 수 있을까? 이런 조건을 충족시키면서 동시에 텔레비전 화면의 공공성을 거스르지 않아야 하기 때문에 사실 훔쳐보기를 말 그대로 행하기란 쉬운 일이 아니다. 당장 초상권 침해 문제가 현실적으로 제기되지 않는가 말이다(<방송과 시청자>, 1991. 10).

더 어려운 문제는 성적인 요소를 어떻게 처리할 것이며, 훔쳐보는 입장에 시청자들을 어떻게 동일시하도록 만드느냐이다. 그 요건을 충족시키기 위해 "몰래 카메라"에서는 훔쳐보기의 대리자(이경규)와 시청자 사이의 공모 관계를 성립시킨다. 즉, 몰래 카메라에서 바야흐로 전개될 상황의 개요를 설명하고 현장에 도착하기까지 사전 준비 상황을 미리 시청자들에게 보여 줌으로써 공모 감각을 형성시킨다. 그에 따라 시청자들은 카메라의 시선이 자신의 훔쳐보기 시선을 대신하는 것으로 받아들인다. 성적인 요소는 보는 즐거움을 충족시킬 수 있는 '예쁜' 연예인이나 '유명' 인사를 훔쳐보기의 대상으로 삼아, 그들을 '흥미진진한' 상황을 통해 골탕 먹이는 것으로 대신한다. 이만하면 꽤 그럴 듯한 구조라고 할 수 있다. 더욱이 그 결과 큰 웃음을 불러일으켰으니 "몰래 카메라"가 뭔가 한 단계 높은 코미디의 새로운 성취를 이룩한 것으로 받아들여진 것이다.

훔쳐보기를 주목하게 된 것은 1990년, <일요일 일요일 밤에>가

새 포맷으로 바뀌고 얼마 지나지 않아서였다. 가수 김홍국의 아파트 앞에서 건장한 남자들에게 쫓기는 상황을 가장한 한 여자가 김홍국에게 도움을 요청했을 때 그가 어떤 반응을 보일 것인가를 숨어서 지켜보는 것이었다. 이 때 속으로 많은 기대감을 갖게 되었다. '만만한 상황이 아닌데, 그는 어떻게 대처할까, 또 나 같으면 어떻게 할까' 만감이 엇갈리면서, 이 설정이 특정 연예인의 도덕성을 검증하는 데 머물지 않고 우리 사회 전체의 양심 수준을 측정하는 일종의 실험으로 여겨졌다. 결과는 험악한 상황에서 그가 꽤 성의를 보였고, 그 정도로도 아직 양심이 살아 있음을 확인시키기에 충분했다. 더 걸작은 "아, 정말 며칠 전 저런 일이 있었어요…… 이거 심한 거 아닙니까?"라며 김홍국 본인이 전혀 모른 척(정말 모른 것이어도 상관없다)한 대목이었다. 그 순간 훔쳐보기 구도가 완성된 것이다.

그 뒤 많은 훔쳐보기가 실행됐지만 정말 은밀한 것이 노출된 경우는 그리 많지 않다. 가령 엉터리 음료에 당한 가수 양수경의 경우, 공개된 장소였다면 그렇게 하지 않았을 행동(엉터리 음료를 마시다가 몰래 다시 뱉기)을 사사로운 공간으로 오인했기 때문에 시청자들에게 노출시킬 수 있었고, <유쾌한 스튜디오>(MBC, 1988~93) 진행을 여러 가지 방식으로 방해받은 이상벽의 경우 그는 촬영되고 있는 줄 모르고 NG 상황으로 착각했기 때문에 역시 젊은 출연자들에게 말을 놓는다거나 찡그린 표정을 지을 수 있었다. 이렇게 "몰래 카메라"가 연예인의 도덕성을 실험하거나, 텔레비전 화면에는 나타나지 않는 일종의 커튼 뒤 감춰진 모습을 노출시키는 등 광장에서 볼 수 없는 밀실에서의 은밀함에 상응하는 모습에 접근할 때 훔쳐보기의 쾌감에 가장 가까이 간 것이라 할 수 있다.[4]

---

4. 수영장에서 샤워를 하다 끝없이 나오는 샴푸 거품에 당한 유열 편과 <퀴즈 아카데미>(MBC, 1987~92)에서 문제 출제자로 나왔다가 얼토당토않은 문제들

훔쳐보기가 재미를 주는 이유는 무엇인가? 정신 분석학을 조금 빌리자면 이렇다. 인간은 누구나 죽음의 본능(이른바 *Thanatos*)이 있어서 자기 파괴 욕망을 갖는다. 하지만 유기체의 생존을 위해 그것을 외부로 돌리게 되는데, 그 결과로 공격 성향이 형성된다. 이처럼 공격성은 유기체의 생존과 관계가 깊어서 쾌감 *pleasure* 으로 체험된다. 그 공격성의 표출을 담당하는 신체 기관이 눈일 때 그것은 훔쳐보기로 나타난다.

이런 정신 분석학의 설명에 착안해서 훔쳐보기를 비판하는 입장이 있다. 그것은 여성의 물신화와 남성 시선의 고착에 대한 비판이다. 할리우드 영화에 대한 논의이지만 훔쳐보기에 대한 이해를 돕는다. 할리우드 영화에서 관객은 훔쳐보는 사람의 위치에 있다. 스크린은 마치 불 켜진 방의 유리 창문 같아서 관객들은 그 창문을 통해 훔쳐보는 사람이 되는 것이다. 그런데 이런 훔쳐보기의 즐거움은 주로 여성의 몸을 보는 남성의 시선을 통해 생산된다. 즉, 전형적인 할리우드의 극영화들은 남성 출연자가 여성의 몸을 응시하거나 소유하는 행위들이 교차하며 진행되는 플롯을 갖는다. 남성 출연자는 남성 관객의 대리인이며 남성적 카메라 시선의 대리인인 셈이다. 영화 관객이 남성이든 여성이든 결국 이런 식으로 남성의 위치에서 영화의 의미와 즐거움이 생산된다. 이런 훔쳐보기의 성격으로 인해서 할리우드 영화들은 여성을 물신화한다. 물신은 위협에 대한 과도한 가치 부여에서 비롯되는데, 영화 카메라는 여자가 품고 있는 거세 위협과 오이디푸스 죄의식을 제거하는 방편으로써 여성 형식을 과도하게 숭

만 출제하는 함정에 빠진 이범학 편, 갈등 관계에 있는 부부를 초청해 대화를 나누는 프로그램인 <부부 만세>(MBC, 1991~2) 진행자였던 김홍신 편 등 훔쳐보기의 공식과는 별개로 어쨌거나 그 상황 자체가 큰 웃음을 일으킨 사례들도 있었다.

배한다. 그래서 영화에서는 경배하듯 카메라가 여자의 몸을 조각 낸다. 근접 촬영으로 눈, 입술, 숨소리, 머리카락 등등 여자 몸의 거의 모든 구석구석을 훑는 것이다.

이런 논의는 영화에 잘 들어맞지만 텔레비전에 그대로 적용하기는 어렵다. 어두운 극장 안은 커다랗고 밝은 스크린 등 영화 관람 환경의 특성 때문에 관객이 자신을 노출시키지 않은 채 마음 놓고 훔쳐보는 상황에 빠질 수 있다. 하지만 텔레비전은 밝은 거실에서 온 가족과 함께 시청하는 경우가 많기 때문에 영화와는 달리 관음적이지 않고 상호 작용적이다. 그래서 텔레비전에 대한 논의에서 물신화 개념은 몇몇 특정한 경우들에 동원된다. 가령 화장품 광고에서 여성의 몸을 물신(fetish, 淫亂竊片)으로 분해한다든지, 게임 쇼에서 상품 소개 모델로 여성이 등장한다든지 하는 경우에 대한 비평에서 동원되는 정도이다.

이처럼 텔레비전 시청 환경이 훔쳐보는 분위기를 잘 조성해 주지 못하기 때문에 "몰래 카메라"는 따로 방법을 마련하고 있다. 그것은 흔들리는 화면, 시야를 방해받는 화면, 조명이 없어 어둠침침한 화면 등 화면 자체에 훔쳐보기 상황을 나타내 보여 주는 것이다. 즉, 영화의 훔쳐보기가 형식 차원이라면, "몰래 카메라"의 훔쳐보기는 내용적이다. 또, 대상의 물신성을 실현시켜 주는 것이 이경규의 상황 설명이다. 즉, 훔쳐보기 대상의 반응을 관찰하는 화면의 진행 상황에 맞춰 그 사람의 일거수 일투족을 은근한 말투로 설명함으로써, 그 순간 몰래 카메라의 관찰 대상에게 시청자 이외의 사회 관계는 모두 사라져 버린다.

라비노비츠는 루카치와 프로이트를 연결시킴으로써 계급적 관점에서 훔쳐보기에 대한 흥미로운 논의를 보여 준다(Rabinowitz, 1992). 아이가 부모의 성행위를 목격하게 되는 일은 프롤레타리아 가정이나 중산층 가정에서 마찬가지로 일어난다고 한다. 하지만 어떤 환상으로 기억된다거나 훔쳐보기의 수동형인 노출 욕망을 통해서 그 기원을 드러낸다거나 하는 등의 증상은 중산층 환자들 사이에서만 나타났다고 한다. 라비노비츠는 이 같은 근원이 수동적인 관찰자 문화, 즉 부르주아 문화의 특징이라고 파악했다. 그래서 사회에 대한 그러한 방관자적인 자세로는 자본주의 체제의 물화된 모순들을 극복할 수 없다고 비판한다.

이 논의는 대중의 수동성을 전제한 초기 대중 문화 비관론을 떠올릴 수도 있지만, 수동성의 근원을 정신 분석학에서 찾는 대담한 시도가 돋보인다. 또 그것을 계급의 관점에서 조명하는 점에서도 차이가 있다. 아울러 훔쳐보기가 대상에 대한 지배 욕망을 허위적으로 만족시키는 것일 수 있다는 점, 그리고 훔쳐보기의 즐거움이 본능적일 뿐만 아니라 사회적으로 규정받는 것이기도 하다는 점 등을 깨닫게 함으로써 '몰래 카메라'류의 시도들이 기반하는 계급적 특성으로까지 논의의 좌표를 확대할 수 있게 해 준다.

③ 몰래 카메라의 몰락

MBC의 "몰래 카메라"와 SBS의 "꾸러기 카메라"[5] 등 훔쳐보기 수법을 사용하는 프로그램들이 회를 거듭하면서 자주 비난을 받았던 이유도 그 형식의 근원적인 한계에서 비롯된다. 즉, 방송 매체의 공공성 때문에 불가피하게 성적인 것을 배제해야 했고 그 대신 시선을 매혹시킬 요소로서 연예인들을 동원했던 것인데, 연예인들은 인간의 마르지 않는 욕망의 대상으로서 남근 *Phallus* 성을 갖고 있지 않기 때문에 그 대체물로서는 부족했다. 따라서 흥미를 유발하기 위해 연예인을 골탕 먹이는 수법으로 강도를 높여 가는 방법을 택할 수밖에 없었다.

---

5. <꾸러기 대행진>(SBS, 1992).

124

몰래 카메라와 같은 형식의 <꾸러기 대행진> "꾸러기 카메라" 진행 모습.

　예를 들어 '서태지와 아이들' 편을 보자. 그들에게 뮤직 비디오 촬영이라고 속이고 한 여름 계곡에서 춤을 추게 하다가 이런 저런 이유로 NG를 내게 하면서 고생을 시킨다. 그에 대비되게 이경규는 물가에 시원하게 누워 수박을 먹고 있다가 저녁 무렵에서야 그 모든 행사가 몰래 카메라를 위한 소동이었음을 알려준다. 가수 박정운, 김종서 그리고 스키장과 한강변에서 역으로 몰래 카메라에 공격당한 이경규 등 적지 않은 비슷한 예들을 들 수 있다. 이런 사례들은 훔쳐보기의 은밀함도 아니고 속임수 시나리오 자체의 희극성과도 거리가 먼, 다만 그 대상들에게 고통만 강요한 경우였다. 그러므로 등장 인물들도 자신이 함정에 빠졌음을 인정할 수 없고, 그것을 본 시청자들 또한 굳이 그것을 몰래 훔쳐볼 이유를 찾기 어렵다. 그저 몰래 카메라 편이니까 몰래 보는 것이겠거니 하며 어서 시청자들을 향해 손을 흔들어 주기만을 기다리게 된다. 그 행위가 그러한 어처구니없는 상황의 해소를 알려 주는 유일한 징표니까. 이 지경에 이르고 보면 '이번에도 무사히 훔쳐보기가 성공했구나' 하는 안도감이 정작 훔쳐보기의 아슬아슬한 쾌감을 몰아내 버렸음을 알 수 있다.

그런데 웃음은 공격성의 위장에 의존한다. 그렇기 때문에 강도 높은 골탕 먹이기와 상황 조작은 곧, 공격성 위장 효과를 반감시키는 역효과를 낳게 된다. 시청자들의 방어 기제와 검열 기제가 발동하게 되기 때문이다. 몰래 카메라에서 연예인에게 가하는 고통의 강도가 세지고 직접적인 방법이 구사되면서 결과적으로 카메라는 훔쳐보기의 대리자라는 자격을 박탈당하게 되었다. 이것이 '몰래 카메라'가 커다란 각광 뒤 바로 몰락하게 된 이유이다.

'몰래 카메라'와 같은 훔쳐보기는 카메라의 본질을 탐구하는 하나의 실험으로써 그 의의를 가질 수 있다. 텔레비전 화면은 언제나 현실을 있는 그대로 담고 있다는 것이 시청자들이 지금까지 가졌던 생각이라면, 그 덕택에 텔레비전에 등장한(출연한) 사물과 사건과 인물은 바로 사실로 공인될 수 있었다. 이 때 카메라의 존재는 전혀 고려되지 않았다. 그런데 '몰래 카메라'로 대표되는 일련의 훔쳐보기 형식의 프로그램들을 겪으면서 시청자들은 현실과 화면 사이에 카메라가 끼여들어 있음을 알게 되었다. 그리고 그 카메라는 손닿지 않는 안전 지대에 있으면서 현실을 지배하는 전능한 눈이 아님을 알게 되었다. 카메라는 온갖 장애물 때문에 그 시야를 방해받고, 심지어 눈가림을 당하기까지 하는 지극히 세속적인 환경 한가운데 처해 있음을 알게 된 것이다.

하지만 '몰래 카메라'가 깨우쳐 준 카메라의 본질은 여기까지이다. 비록 그렇게 방해받기는 하면서도 결국 카메라는 현실을 사실 그대로 전달해 주는 눈이라는 믿음 자체는 그렇게 손상을 입지 않았다. 오히려 무수한 장애물들을 어렵게 뚫고 은밀한 현장에 침투함으로써 수많은 시청자들의 시야를 확장시켜 주는 충직한 도구임을 더

126

강조하고 있다. 그것은 다만 카메라의 뷰파인더가 지은 틀 안에서, 카메라의 시선이 제공한 관점으로 해석한 현실일 뿐인데 말이다. 카메라는 해석 능력을 가졌다. 현실을 그대로 재현하는 화면이란 있을 수 없다. 화면은 다만 현실의 환유적 재현일 뿐이다. 그리고 그 사이에 카메라의 프레임과 시선과 그 시선이 머무는 시간이 개입함으로써 현실은 재해석된다. 시청자들에게 전달되는 현실은 바로 그렇게 환유적으로 재구성된 현실의 상이다.

결국 카메라 본성의 실험이 될 수도 있었던 '몰래 카메라'의 종국적인 모습은 자못 희극적이다. 아무도 그렇게 생각하지 않는데 저 혼자 열쇠 구멍에 렌즈를 들이댄 채 몰래 보고 있다는 착각에 빠진 카메라. 따라서 몰래 카메라를 통해서 시청자들이 보는 것은 역설적이게도 카메라의 노출 증상인 셈이고, 시청자들이 보지 못하는 것은 카메라의 재 신격화라 말할 수 있다.

(2) 노출증

① <우정의 무대>와 노출의 두 단계

텔레비전으로 상대를 보는 마음은 편하다. 전쟁은 그들이 하고 나는 최대한 안락한 상태에서 구경을 할 수 있으므로. 텔레비전으로 나를 보여 주는 것도 마찬가지로 안전하다. 나를 보고 있는 녀석이 나에게 반격할 기회가 없으니까. 여기에 또 하나 그 동안 텔레비전이 확보해 놓은 신화가 덧붙는다. 즉, '아무나 텔레비전에 나오나? 남보다 더 잘 나야 나오는 것 아니냐' 하는 신화 말이다. 텔레비전 화면에 등장함으로 해서 그 사람과 상황은 객관적인 사실로 인정받게 된다. 어쩌면 화면 속 세상만이 객관적으로 존재하는 세계가 되는 건지도 모른다.

텔레비전을 일컬어 '세계를 보는 창'이라 부르기도 한다. 이 말은 일면 맞지만, 그 일면적 진실을 전면적인 진실로 강조할 때 그것은 이데올로기가 된다. 텔레비전을 통해 우리(시청자)가 세계를 볼 수 있지만, 세계의 일부를 전체로 잘못 알고 보는 것일 수도 있고, 세계가 아닌 것을 세계로 잘못 알고 볼 수도 있다. 가령 텔레비전 화면에 등장한 정치인을 예로 들어 보자. 그는 텔레비전을 보고 있는 시청자들과 같은 '우리'인가, 아니면 텔레비전 화면을 통해 시청자들에게 비쳐지는 세계인가, 그도 저도 아닌 다른 것인가? 가장 쉽게는 그 정치가는 세계가 될 수 있다. 어쨌거나 그는 다수 시청자가 목격하고 있는 사건의 주인공이므로 그렇다. 정치가의 공적 활동들은 대중의 중요한 관심거리로 자리잡혀 있고, 그렇기 때문에 그 정치가는 대중들의 존재의 전제로서 하나의 세계로 정의된다. 그러므로 그 정치가의 활동들은 하나의 객관적인 사실이고, 텔레비전은 그 사실을 사실 그대로 카메라에 담아 화면을 통해 전달된다. 그러면, 시청자들은 집안에 편히 앉아 그 사실 그대로의 세계를 목격한다. 그리고 시청자가 그렇게 목격하고 있다는 사실을 그 정치가는 알지 못한다. 그 정치가의 행태는 자신을 목격하는 눈들을 의식하지 않기 때문에 그토록 자연스러울 수 있는 것이고, 목격하는 눈들도 그 정치가가 알아차리지 않는 것이 보장되기 때문에 함부로 욕설을 퍼부을 수도 있고, 정면으로 그 정치가의 얼굴을 노려볼 수도 있다. 텔레비전 화면을 통해 피사체와 목격자의 관계가 간접화하는 덕에 텔레비전 시청은 훔쳐보기의 성격을 갖는다.

이제 생각을 정반대 방향에서부터 풀어 보자면, '텔레비전은 세계에 내보이는 창'이라는 명제로 정의 할 수 있다. "텔레비전에 내가 나왔으면 정말 좋겠네" 하는 동요는 나르시시즘이면서 또한 노출증을 드러내는 진술이다. 자기애로서의 나르시시즘이 이 노래 가사의 뜻을 해명해 줄 수도 있지만, 잘 생각해 보면 텔레비전에 나오고 싶은 욕망은 그것을 넘어선다. 그것은 자기 확인을 넘어 남에게 보이고 싶은 욕망, 남에게 인정받고 싶은 욕망, 더 나가 객관적인 세계가 되고자 하는 욕망이다. 그렇다면 지금까지 훔쳐보기라고 여겨 온 텔레비전 시청이 오히려 등장 인물들의 노출증을 충족시키는 데 활용되어 온 것일 수 있다. 텔레비전의 작업이 바로 훔쳐보기와 노출증 사이의 왕복 운동이라는 이러한 인식이 <우정의 무대>(MBC, 1989~93)에 하나의 논점을 제공한다.

<우정의 무대>가 6개월 단위의 개편에서 살아남으면 국방부에서 그 기간 동안 출연한 부대 명단을 작성한다고 한다. 이 프로그램이 살아남게 만드는 힘은 무엇인가? 시청률인가? 시청률이 계속 높다면야 프로그램이 죽을 리 없겠지만, 시청률이 떨어진다고 해도 금방 없어지지는 않는 프로그램이 있다. <우정의 무대>는 앞에서 한편으로는 방송이 군대를 상업적 소재로 삼는 것이기도 하면서 그 뒷편에서는 동시에 군대가 방송을 활용하는 것일 수도 있는 정규 프로그램이다. 군대가 뭐 하려고 방송을 활용할까? 당연한 얘기인데 뭔가를 알리기 위해서이리라. 그 무엇인가를 알리게 되면 다른 무엇인가는 자연스럽게 감추어지지 않겠는가? 드러냄과 감춤은 동시에 작동해야 효율적이니까.

<우정의 무대>에서 노출은 두 단계로 이루어진다. 첫째 단계는 진짜로 텔레비전 화면에 등장하는 병사들의 노출이다. 둘째 단계는 이 첫째 단계의 노출과 시청자들의 훔쳐보기 상황과의 왕복 운동을 기반으로 하여 발생하는 좀더 은밀한 것의 노출이다.

첫째 단계의 노출을 구체적으로 들자면 이렇다. 과거 문선대 공연 방식의 위문 공연 프로그램에서 어김없이 볼 수 있었던 박력 넘치고 원초적이라 할 율동이 억압된 일탈 에너지의 허용된 공간 안에

서의 방출이었다면, <우정의 무대>에서 보여 주는 병사들의 질서 정연한 무용은 타자에게 인정받기 위한 틀 지어진 행동으로서 응시하는 눈을 향한 노출 행위이다. 또, 무대 위 병사들이 지르는 "예, 그렇습니다"와 무대 아래 줄지어 앉아 있는 병사들이 눈치껏 박자를 맞춰 아주 자주 내지르는 "와" 하는 함성도 모두 노출증의 일종이다. 어째서 함성을 지르는가? 현장에 있는 관중들 스스로의 감정 고양과 일체감 강화를 위해서이기도 할 테지만, 그것이 주된 목적이라면 그 함성을 녹려하는 FD의 역할은 지나치게 자기 기만적인 섯이 된다. 그 함성의 주된 지향점은 시청자들이다. 시청자가 바로 '보는' 주체이고, 또한 노출의 어리숙한 목격자이기 때문이다.

　　<우정의 무대>를 통해서 한국 사회의 문화 변모를 짐작할 수도 있다. 엄숙주의는 지나갔고, 즐거움을 확인하고, 인정하며, 존중하는 시대가 되었음을 보여 주는 한 사례로 보인다. 엄숙주의는 극도의 자기 억제, 특히 욕망에 대한 억압을 통해서 행사된다. 그 욕망은 쉽게 말해서 '어떻게 하고 싶은 마음'인데, 억압이란 '그렇게 하고 싶은 대상과 스스로를 격리시키는 일'이면서 동시에 '하고 싶다는 마음 자체의 부인'이다. "불손한지고. 어찌 누구누구로서 그런 걸 하고 싶어 하는가"라는 게 엄숙주의의 출발점 아닌가. 그런데 최근 한국 문화 상황은 그러한 전반적인 엄숙주의 문화를 거부하고 자기 욕망을 솔직하고 당당하게 인정하는 쪽으로 변하고 있다. 한때는 모순된 것처럼 여겨지던 요소들이 이제는 같은 사람 안에 공존하는 것을 인정한다. 가령 문화 종속에 대한 인식과 랩 뮤직의 실행이 한 가수 내부에 공존하는 것과 같다. 억압과 규율로 특징 지워지는 군대에서 열병閱兵이나, 총검 묘기나, 태권 격파 시범이 아니라, 인생의 허무와 청춘의 열병熱病이 유행가 가락과 야들야들한 율동을 타고 병사들 앞의 무대 위에서, 동료 병사가 표현한다. 이는 분명 한국 사회 전반의

문화적 변화와 병행하여 이루어지는 군대 문화의 변화, 경직성에서 유연성으로 변화를 말해 준다.

하지만 그게 다는 아니다. 이 유연성은 억압과 규율의 본질을 가리기 위해 채택된, 다시 말해서 지금까지 잘 유지되어 온 억압과 규율을 더 잘 지속시키기 위해서, 한계에 다다른 경직성과 강압에서 대중 문화에 편승하는 유연성으로 외피를 바꾸어 입은 것이기도 하다. 하지만 여전히 군대 문화가 변한 것 같지는 않다. 그래서 <우정의 무대>가 그 떠들썩함과 그 눈물 나는 그리움 속에서도 늘 아슬아슬한 느낌을 주는 까닭은 바로 병사들 자신의 감정을, 시청자 자신의 감정을 자기 스스로가 확신하지 못하는 것 같기 때문이다. '내가 왜 지금 이 자리에서 이런 즐거움을 느껴야 하는가, 왜 환호해야 하는가, 왜 눈물 지어야 하는가'에 대한 돌아봄의 시간은 계속 뒤로 미뤄지고, 다만 나(시청자 / 출연 병사)는 '무대(프로그램)'가 요구하기 때문에 즐거워해야 하고, 환호해야 하고, 눈물 지어야 한다. 이것이 노출과 훔쳐보기의 왕복 운동이 파생시킨 두 번째 단계의 노출이다. <우정의 무대>는 군대 문화의 본질이 아닌 피상적인 변화를 홍보할 필요가 있을 때까지 지속될 것이다. 다른 말로 하면 그것의 노출증의 정체가 드러날 때까지 지속될 것이다.

② 노출 욕망에 가로막힌 시청자 '볼 권리'

텔레비전은 시청을 위한 도구인가, 노출을 위한 도구인가? 텔레비전에 대한 일반의 상식은 그것이 무언가 볼거리를 제공하는 도구라는 것이다. 하지만 사람들이 텔레비전 화면 앞에 모여들게 되면 다시 텔레비전을 노출 수단으로 활용한다. 텔레비전에는 누구든 출연자가 있게 마련이니 새삼 노출을 거론하는 이유가 무엇인가 하고 의문을 제기하는 사람도 있겠지만, 출연과 노출은 분명 다르다. 출연자는 시청자가 마음놓고 자기를 바라보도록 짐짓 모른 체하고 열심히 자기 역할을 수행하지만, 자신을 노출하고자 하는 사람들은 자신의 역할 한계를 넘어선다는 점에 차이가 있다. 출연자는 시청의 대상이 아니라 오히려 사람들에게 보여지고 있을 자신의 모습을 응시하는 주체가 된다.

이런 노출 도구로 쓰일 때 텔레비전이 시청자들을 보고 있는 것과 같다. 출연자의 노출증을 충족시키기 위해 수많은 시청자들의 눈이 동원된 것이나 다를 바 없기 때문이다. 그래서 텔레비전에서 구경거리를 기대하는 사람들은 그 텔레비전 때문에 빈빈이 배빈당한다.

이제는 오래 전 일이 되었지만, 1991년 당시 옛 소련 대통령이던 고르바초프가 한국을 방문했을 때 텔레비전 카메라들은 그가 도착하기를 기다리며 몇 시간 계속 제주 신라 호텔 현관 마당을 비추었던 적이 있다. 이런 영접 방송(이렇게 밖에 어찌 달리 표현하겠는가)이 과연 생생한 화면을 시청자들이 원해서 그렇게 되었겠는가? 양국 정상의 만남을 생생하게 노출시키고자 한 데 그 본뜻이 있었을 것이다. 그 탓에 시청자들은 보고 싶던 프로그램들을 모두 포기해야 했다.

1996년 올림픽 축구 지역 예선 결승전 때도 그랬다. 한국 대표팀은 일본팀을 정말 통쾌하게 물리치고 우승을 차지했다. 그 주역은 한국 축구 선수들이었고, 시청자들이 보고자 했던 것도 물론 그들, 흔히 쓰는 말로 '대한의 건아들'이었다. 그래서 늦은 새벽까지도 잠을 미루고 텔레비전 앞에 모여 앉아 있지 않았는가. 시상식 순서가 되어 사우디 아라비아 선수가 작은 컵을 들고 내려가고, 일본 선수가 그보다 조금 큰 컵을 들고 풀 죽은 모습으로 내려가고, 이제 우리 선수들의 위풍당당한 모습을 볼 차례였다.

바로 그 때, 그 전화가 이번에도 걸려 왔다. 대통령의 축하 전화 때문에 송수화기를 든 대통령의 스틸 사진이 시상식 장면을 가리고 말았다. 채널을 이리 저리 돌려보았지만 사정은 마찬가지였다. 마침

1996년 올림픽 축구 지역 예선 우승 직후 청와대와 연결된 전화 통화 장면.

내 중언부언하던 통화가 끝났고, 시상식은 그보다 먼저 끝나 있었다. 시청자의 '볼 권리'와 '듣지 않을 권리'가 무시당하고 만 것이다. 방송의 편파성은 이처럼 특정인이나 집단을 노출시키느라 많은 시청자들이 원하는 것을 못 보게 만드는 데에서도 찾을 수 있다.

축구 중계가 있은 다음 날 KBS1에서는 총선 입후보자 소개 방송이 정규 편성의 <국악 한마당>(1996) 시간을 가로챘다. 차라리 마감 뉴스인 <뉴스라인>(1996) 시간을 얻어 가든가, 아니면 더 뒤로 미루지 않고 유일한 국악 감상 기회를 그렇게 빼앗을 것은 무엇인가.

결국 이 모든 문제는 텔레비전에 관한 한 결정권이 전적으로 방송사 쪽에 가 있기 때문에 생겨나는 것이다. 그래서 비록 작은 소리지만 이렇게 외친다. "노출 욕망을 가진 사람들이여, 텔레비전을 이제 그만 시청자에게 돌려다오!"

③ 노출 카메라와 자기 연출의 내면화

· 개념: 자기 연출의 내면화

연예 오락 프로그램에서 최근 몇 년 사이 급격하고도 광범위하게 확산된 어떤 경향에 대하여 단지 그 현상 진단 차원에 머물지 않으려면 더 근본적인 의미를 부여할 필요가 있다. 그 경향에는 몇 가지 특징들이 혼합되어 있어서 프로그램 양식 구성상의 무게 중심을 어디에 두느냐에 따라 다른 이름의 범주로 묶일 수 있다. 관찰 카메라, 과제 수행(목표 달성), 또…… 그저 연예인 모아 놓고 이런 저런 게임 시키기.

이런 프로그램 경향의 특징은 신 *scene* 단위로 철저하게 짜여진 기존의 대본과 달리 훨씬 열린 구성을 하고 있다는 점이다. 더 나가 열린 구성이 기본이고 거기에 약간씩의 수행 과제가 제시되거나 아니면 수행의 방향성 정도만 제시되는 프로그램도 있다. 따라서, 이런 프로그램의 성패는 출연한 연예인이나 선발된 일반인들이 얼마나 스스로 알아서 볼거리를 만들어 내느냐 하는 데 달려 있다. 카메라는 그들을 다만 관찰할 따름이다. 과연 이런 게 재미있을까 싶지만 최근 오락 프로그램들의 전반적인 풍조를 이루다시피 하고 있다.

이런 경향의 프로그램에 가장 핵심적인 요건 즉, 자신을 시선들 앞에 볼 만한 것으로 드러내는 행위 혹은 능력을 일컬어 '자기 연출 *Inszenierung*'이라 부를 수 있다. 공연을 위해 무대에 올리다라는 뜻이 될 '*Theatralisierung*'과 비교하면 이 '자기 연출' 개념을 이해하는 데 도움이 될 것이다. '*Theatralisierung*'에는 준비된 각본이 있거나(물론 공연 성격에 따라서 즉흥극 같은 경우 각본이 없을 수도 있다), 공연의 성격에 맞춰 연출과 연기가 이루어지지만, '자기 연출'은 기본적으로 각본과 무관하고 공연을 위한 연출이 이루어지지 않으며, 작품에 따라 배역을 달리하는 배우와 달리 자기 연출의 실행자는 자기 정체성의 구성 영역 안에 머문다. 자기 연출은 일상 생활의 맥락에서 평소 품행과 성향이 배어 있으되 자신을 좀더 그럴 듯하고 볼 만한 것으로 타자의 시선 앞에 연출해 내보이는 것이다.

그런데 이런 자기 연출이 가령 면접을 본다든지, 선을 본다든지 하는 생활 속의 특별한 상황, 다시 말해서 공식적 혹은 의도적으로 타인의 시선의 대상이 되는 경우에 국한되지 않고 혼자 있을 때조차 상시적으로 이루어진다면 그것은 '내면화' 되었다고 할 수 있다. 거의 무의식적으로 언제나 타자의 시선을 상정하고 자신의 모습을 표출한다면, 마치 영화 <트루먼 쇼>의 카메라들이 자신을 바라보고 있는 듯 자신의 행동 양식과 그 동기에 있어서 규정을 받는다면, 그것을 일컬어 '자기 연출의 내면화'라 부를 수 있을 것이다.[6]

그런데 많은 사람들이 무의식 속에 상정한 타자의 시선이 대중 매체(결국 텔레비전)의 카메라에서 연유했다면, 그러한 인간을 일컬어 텔레비전 인류라고 할 수 있지 않을까? 텔레비전 경험의 축적을 바탕으로 한 인간 주체의 새로운 구성. 이러한 내면화된 자기 연출을 오락의 자원으로 삼는 연예 오락 프로그램들에 출연하는 일반인들을 보면 그러한 징후를 읽을 수 있다.

· 형식: 관찰 카메라는 노출 카메라

카메라는 워낙 관찰과 기록의 도구이다. 그런데 '관찰 카메라'라고 이름 붙일 수 있는 연예 오락 프로그램들과 관련해서는 더 섬세한 파악과 엄밀한 규정이 필요하다. 비슷하지만 다른 세 가지 시선의 형식을 비교해 보자.

첫 번째, '몰래 카메라'의 시선. 여기서 피관찰자들은 감시 또는 관찰 사실을 모르기 때문에 자기 연출을 동원하지 않는다. 그러한

---

6. 이와 관련한 연구들은 J. Früchtl & J. Zimmermann (eds.), *Ästhetik der Inszenierung*, Frankfurt: Suhrkamp, 2001에 집대성 되어 있고, 강태호 박사의 토론이 도움이 되었다.

고로 <일요일 일요일 밤에>에서 몰래 카메라는 막 뒤에서 이루어지는 연예인들의 일상적인 모습을 엿보는 재미를 주었다.

두 번째, 감옥에서 이루어지는 감시의 시선, 그럴듯하게 푸코식 시선이라고 하자. 여기서 수감자들은 자신이 감시당하고 있음을 안다. 따라서 허용 한도 안에 있는 상투적인 행동 양태 쪽으로 자신을 제한한다. 이것도 일종의 자기 연출이지만 그 성격은 억제적이다.

세 번째로 관찰 카메라 또는 목표 달성 프로그램의 시선. 여기서 피관찰자들은 감시 사실을 알고 있고 또 동의하였다. 프로그램의 의도에 맞춰 자기 연출이 적극적으로 행해지고, 더 나가서는 관찰 카메라를 통해 자신의 매력 혹은 개성을 극대화시켜 전시함으로써 프로그램의 의도를 넘어서는 자기 연출이 이루어질 수도 있다. 따라서 관찰 카메라는 역으로 노출 카메라이기도 한 셈인데, 그것이 몰래 카메라가 아닌 한 성격상 노출 카메라 쪽에 더 가깝다.

· 구성 요소와 의미: 이탈성의 중심화

관찰 카메라의 특성을 구성하는 배경 요소들은 첫째, 흥미와 오락의 자원으로써 일상적인 것의 발견, 둘째, 즉각적인 반응과 즉흥적인 대처, 이 두 가지가 결합되어 여기에 다시 세 번째 요소로서 내면화된 자기 연출의 장을 제공하는 것으로 발전하였다. 관찰 카메라는 그 대상에게 몇 가지 명령을 내린다. "네 모든 것을 보여 줘라," "준비된 자만이 준비 없이도 보여 줄 수 있다(순발력)," "평소 실력을 쌓아라" 등등 말이다.

연예인들의 이러한 자기 연출 영역(순발력 있는 즉흥 대처까지 포함하여)을 극대화하고 풍부화하여 즐거움의 요인으로 제공하는 포맷들이 오락 프로그램에 확산됨에 따라, 중심과 이탈의 무게 중심이 역전되고 있다. 규범과 상식에 기반한 기대, 내러티브의 관습과 논리적 전개 등이 중심을 이루고, 그것에서 이탈하고 배반하는 것이 코미디에서 즐거움과 웃음을 주는 기본 구도였다. 즉, 이 때의 이탈은 사전에 계산된 것이었다. 그런데 최근의 오락물들에서는 계산되지 않은 이탈, 즉 자기 연출의 여지를 극대화하기 위한 유발 요인쯤으로 내러티브와 포맷을 의례적으로 활용할 따름이다. <목표 달성 토요일>의 "동거 동락"이나 <코미디 하우스>(MBC, 2000~현재)에서 행하는 그 소박한 게임과 퀴즈들을 상기해 보면 이해가 쉽다. 여기서 게임 자체의 그럴 듯함이나 퀴즈 문제의 수준은 하등 관심 사항이 아니다. 그걸 구실로 출연자 각자가 얼마나 자기 연출을 잘 해내느냐가 관건이다.

따라서, 이런 프로그램에서 연예인들은 자기의 캐릭터를 확실하게 연출해 내려고 들고, 시청자들에게 바라는 바도 그 캐릭터의 각종 양태를 즐기라는 것이다. 내면화된 자기 연출의 극대화를 추구하는 오락 프로그램에서 요구하는 사항은 자기 연출력의 계발이지 삶에 대한 천착이 아니다. (삶에의 천착이 있어야 가능한) 코미디가 사라지면서 현실은 당연하게도 비극적으로 바뀌고 있다. 물론 포스트모던 사회에서는 그것을 비극이라 부르지 않지만.

· 사례: <리얼 시트콤 청춘>

사람들은 되도록 자신을 남들 보는 앞에 내세우려 들지 않는다. 시선의 정체를 확인할 수 없는 상황이라면 더더욱 자신의 노출에 불쾌감과 공포를 느끼게도 된다. 그래서 사생활의 보호는 인격권의 중요한 영역으로서 법으로도 보장되고 있다. 더 나아가 인간의 정체성 유지와 더 고급한 정신 활동을 위한 기반으로 이해되고 있기까지 하다.

그런데 언제부터인지 사람들은 남들 앞에 자신을 내세우는 데 거리낌을 갖지 않게 된 것 같다. 직업 연기자나 가수, 운동 선수들 얘기가 아니다. 그저 일반의 생활인들이 그렇다는 말이다. TV 오락 프로그램들에서 하는 거리 퀴즈나 게임을 보라. 빙 둘러선 구경꾼들 속에서 발탁된 참여자들은 주위의 시선은 물론이고 익명의 시청자들의 시선을 대신하는 카메라 앞에서 자신이 가진 (두껍지 않은) 지식과 (세련되지 않은) 장기를 남김없이 보여 준다. 분명 사람들은 변했다. 시선의 대상이 됨으로써 자신을 표현한다. 자신을 감추는 게 아니라 볼 만한 것으로 전시한다.

이런 세상의 변화를 소비의 제왕인 TV가 놓칠 리 없다. 네덜란드와 독일에서 방송된 <빅 브라더 쇼>(2000~1)와 프랑스의 <로프트 TV>(2001) 등 일반인들을 제한된 공간에 합숙시키면서 그들의 연애와 갈등, 손짓과 발짓 하나까지 카메라로 전달하는 프로그램들이 연이어 기획되고 성공을 거두었다.

한국에서는 어떤가? 당연히 유사한 시도들이 여러 차례 있었다. 젊은 여성 한 명과 남성 네 명을 한 집에 합숙시키면서 파트너를 선택하게 한다든지, 반에서 꼴찌를 하는 학생들을 한 집에 모아 놓고 공부를 시킨다든지, 일반인들을 대상으로 그들이 생활하는 모습을 프로그램화한 적이 있다. 하지만 이들이 아마추어였기 때문에 시청

카메라를 고정해 놓고 실생활에서 벌어지는 코미디 같은 이야기를 보여 준 <리얼 시트콤 청춘>. 여대생 기숙사에서 벌어진 단체 머드팩 소동 장면.

자들에게 지속적인 볼거리를 제공하기에는 자기 연출력이 턱없이 부족했고, 자연 흥미를 불러일으키지는 못했다.

그래서 등장한 방식이 연예인들로 하여금 어떤 과제를 수행토록 하고 그 시시콜콜한 모습들을 카메라로 관찰하는 것이었다. 'god의 육아 일기'에서 '캔의 오리 양육'에 이르기까지 그 예는 아주 많다. 하지만 연예인들은 자기 연출을 직업으로 삼은 이들이라서 이런 포맷은 오락으로는 성공을 거뒀지만 그 현실감은 현저하게 낮을 수밖에 없다. 그것도 다 넓은 범주의 연기처럼 비춰지기 때문이다.

<리얼 시트콤 청춘>(KBS2, 2002)은 리얼 TV 양식을 한국에서 수용할 때 맞닥뜨리게 되는 세 가지 장애물을 다 넘어서기 위한 고민의 산물로 보인다. 유럽 프로그램들이 주요 흥행 포인트로 삼는 성적 관계를 배제하면서, 일반인들의 미숙한 자기 연출력의 제한도 넘어서야 하고, 연예인들과 달리 현실감과 공감을 줄 수 있는 설정이 이루어져야 한다. 결국 갈등이 남은 것 같다. 연상 부인과 연하 남편, 대학생 기숙사, 노처녀의 맞선기 이렇게 세 개의 사례를 통해서 보여 줄 수밖에 없는 인간 희극은 갈등뿐이다. <리얼 시트콤 청춘>이 리얼 TV 방식을 원용하면서 시트콤을 표방함으로써 코미디보다 더 요절복통할 현실의 단면을 잡아내고 싶어하지만, 인간 희극이 대개의 경우 모략을 동력으로 삼는다는 난점을 극복할 것인지 관건이다. 어쨌거나 카메라 앞에서 보여 주는 보통 사람 출연진들의 자연스러운 자기 연출 능력이 이제 내면화 단계에 이르렀음을 알게 된 것만으로도 이 프로그램은 무척 놀랍다.[7]

---

7. <리얼 시트콤 청춘>의 형식은 그 뒤 일반인들의 생활 속 에피소드를 소재로 한 재연 프로그램으로 바뀌었다. 허다한 재연물 가운데에서도 가장 빈약한 것으로 주저앉고 만 꼴이다. <리얼 시트콤 청춘> 역시 노출 카메라가 성적 선정성과의 고리를 끊고서는 흥행성을 갖기 힘들다는 지금까지의 한계를 넘어서지 못한 것으로 보인다.

4

TV 코미디 체제

텔레비전 코미디가 실제 만들어지도록 요소들을 조직하고 규제하고 비판하는 주체들이 이루는 관계를 TV 코미디 체제라고 할 수 있다. 이 장에서는 (비판 주체로서) 규제 주체가 행하는 심의와 그에 대한 생산 주체의 입장을 분석 검토하고 있다. 그 앞뒤로는 1절에서 막다른 벽에 막혀 버린 듯한 텔레비전 코미디의 현단계에 대한 진단을 내려 보았고, 3절에서 돌파구를 여는 데 참고할 만한 새로운 시도에 대한 의미 부여 작업을 하였다.

1. 코미디의 전망 상실과 프로듀서의 역할

1) 코미디의 전망 상실과 <코미디 전망대>

<코미디 전망대>의 뜻을 풀이하자면 코미디를 통해서 사회 상황을 전망한다 정도가 될 텐데, 그 제목이 다르게 읽힌다. 즉, 코미디의 앞길을 전망하는 프로그램이라는 뜻으로 말이다. 이제 코미디는 전망의 주체가 아니라 전망의 대상이 된 듯한 느낌이다. 조금 쓴소리를 보태자면 '코미디 없는 코미디 프로그램'을 풍자하는 코미디가 나오면 성공하지 않을까 하는 생각마저 든다.

텔레비전 코미디와 그로부터 파생된 오락 프로그램들이 안고 있는 가장 근원적인 문제는 프로그램 수가 많다는 데서 단적으로 표현된다. 코미디와 오락 프로그램을 과도하게 많이 편성한 결과는 시청자의 눈으로도 확인할 수 있다. 일요일 진행자가 월요일에도 나오고,

이 쪽 채널 진행자가 저 쪽 채널에도 끼여 있으며, 아침에 본 출연자를 저녁에 다시 만나게 된다. 이 글을 읽고서 '내 얘기 하는구나' 하고 생각할 개그맨 수가 적지 않으리라.

이런 겹치기 현상은 무엇을 말하는가? 한 때 코미디언이었던 사람이 이제 다만 출연자로 전락했다는 것과 그 프로그램들이 더 이상 코미디가 아님을 뜻한다. 이것은 코미디 프로그램마다 자기 개성을 가져야 한다는 원칙적인 권고 이전의 문제이다. 아직 한국 텔레비전 방송사들은 이만한 분량을 감당할 역량이 없음을 뜻한다. 그 결과는 참담하게도 역설적이다. 코미디 프로그램의 수가 늘면서 오히려 코미디는 사라져 버린 것이다.

코미디의 생명이 무엇인가? 웃음인가? 물론 그렇다. 그러나 아무 웃음이나 다 코미디와 연관된다고 할 수 없다. 프로그램 제작자들은 일차적으로 웃겼으면 되지 않느냐고 줄기차게 항변하지만, "저것도 코미디라고 하고 있냐" 하고 냉소하는 것마저 코미디의 목표 달성이라고 할 것인가. 코미디 프로그램 진행자들마다 외치는 그 무수한 "봅시다!"라는 고함 소리에 지친 몸과 마음을 다른 프로그램을 보면서 달랜다고 한다면, 그래도 "코미디 시청자들은 일단 쉬려고 보는 것 아닙니까"라는 전제를 멋대로 댈 수 있겠는가. 코미디의 생명은 '감정의 생경한 노출' 정반대 편에 있다. 그 생경한 노출을 어떻게 위장하느냐, 바로 이 위장의 과정 속에서 웃음이 나오는 것이다. 한 회 한 회 때우기 급급한 판에 언제 그 절묘한 위장술을 구상할 수 있겠는가. 그저 잘 나가는 연예인 모셔 오기 전쟁에 이겨서 시청자의 눈길을 한 번 더 받기에 여념이 없을 수밖에.

코미디 연기는 아주 능란해야 한다. 어눌함과 아둔함마저 능숙하게 처리해야 한다. 그 능란함은 삶에 대한 탐구와 각고의 자기 정련을 통해 도달할 수 있는 경지이다. 하지만 지금처럼 소모적인 상황에서 그러한 장기간의 투자로 탄생될 코미디언을 기대하기는 어렵다. 그래서 차라리 미숙하지만 싹수가 보이는 신참들의 연기에서 코미디의 정수가 얼핏 발견되기도 한다. 하지만 그들도 인기를 끌게 되면 더 이상 코미디 연기자로 남지 않고, 여기 저기 리포터로, 보조 진행자로 그리고 주 진행자로 나선다. 주범은 물론 근시안적 제작 체제에 있다.

그러한 가운데 <코미디 전망대>가 그래도 미덕을 많이 보여 주었다. 일상적 삶의 틈 사이로 비집고 나오는 일탈적 상황의 아기자기함은 오히려 인생의 의미를 맛보게 한다. 특히, 다른 프로그램에 겹쳐 나오는 사람이 없다는 점이 마음에 든다. 그들의 가짜 능란함보다 이 프로그램에 출연하는 연기자들의 미숙한 연기가 훨씬 더 큰 즐거움을 준다. 하지만 <코미디 전망대>를 한 편의 개성 있는 프로그램으로 여길 수 있도록 정통 코미디가 자리잡고 있어야 할 텐데, 그러한 코미디 한 편이 아쉽다.

코미디 '프로그램'은 있지만 코미디는 없고, 코미디 프로그램 '출연자'는 있지만 코미디언은 없는 현실. 다시 물어 보자. 코미디 프로그램은 풍자의 주체인가, 풍자의 대상인가?

2) 텔레비전 코미디, 근본부터 다시 생각할 때다

(1) 코미디가 없다

어느 모임에서 한 문화 평론가가 "한국 텔레비전에는 코미디가 없다"는 말을 했다. 그 자리에는 방송 전공 교수들뿐 아니라 평론가, 논설 위원들이 토론 참여자로 초청되었고 신문 기자들도 와 있었으니 꽤 거창한 논의의 장으로서 손색이 없었다. 하지만 토론 내용이 바깥으로 공표되거나 뒤이은 후속 활동이 이루어지지 않은 채 일회성 행사로 그쳤고, 더욱이 그 "코미디가 없다"는 발언이 다른 토론자에 의해 부연 설명을 요구받았음에도 불구하고 사회자가 받아들이지 않는 바람에 그 발언자의 의도를 듣고 심화된 토론을 할 기회를 얻지 못했다. 그것이 1993년 겨울 무렵이었으니 시간이 많이 흘렀다. 애초 발언자의 진의와 그 자리에 모였던 다른 많은 전문가들의 견해를 듣지 못하고 흘려 보낸 세월이 아쉽다. 그런데 내 나름대로의 공부가 쌓이고 코미디 프로듀서들과의 대화가 보태지면서 어느 날 문득 이 명제에 대한 답을 얻게 된 것 같다. 물론 애초 발언한 사람의 의견과 꼭 같은지는 알 수 없지만 이제 와서 그게 뭐 대수인가.

(2) 코미디는 현실을 비튼다

여러 논의들을 통해 볼 때 코미디의 핵심적인 특성은 웃음이 아니고 일상 생활이다. 물론 웃음이 코미디의 효과 가운데 가장 익숙한 것일 수 있지만 최종 목적은 아니다. 어떤 책에는 울음을 불러일으키고자 했던 코미디도 소개되어 있다. 그러한 정반대 경우를 들먹이지 않더라도 불행이나 슬픔에 빠진 상황이 코미디의 소재가 되는 경우는 아주 많다. 코미디의 핵심은 웃음 자체가 아니라 웃음이 유발되는 동기와 웃음 이후의 도달점이 현실, 특히 일상 생활이라는 점이다. 생활 속에서 자연스럽게 체득된 감성과 지식에 닿지 못하는 상황 연출로는 웃음을 불러일으킬 수 없다. 가령 "내가 월남전에 스키 부대로 참전했을 때 얘긴데 말이야……"라는 농담을 듣는 사람이 베트남의 기후를 알고 있지 못하다면 그는 전혀 웃을 수가 없다. 주기적으로 유행하는 각종 시리즈 재담들도 그 짤막한 이야기에 감성이

탁 와 닿지 않는 세대에게는 허망한 실소 이상을 주기 어렵다. 이처럼 코미디는 공감에 기반한 장르이고, 공감이란 곧 삶의 동질성에서 비롯된다는 점에서 현실의 삶과 깊이 연결되어 있다.

하지만 코미디는 현실을 있는 그대로 노출시키지 않는다. 코미디는 현실을 비튼다. 현실을 비트는 다양한 수법들이 코미디의 양식으로 정립되어 왔다. 슬랩스틱, 패러디, 개그 등 코미디의 대표적인 양식뿐 아니라 재담이나 장광설처럼 말로 이루어지는 연기들도 자신이 준거하는 현실을 비튼다. 슬랩스틱은 사람의 몸 동작을 단순화하고 과장함으로써 그렇게 하고, 패러디는 원본의 형식을 그대로 흉내내면서 그 원본이 가지고 있던 미학적 가치의 고착성을 해체시키고, 개그는 일정하게 진행되던 이야기에 갑자기 끼여들어 그 흐름을 바꿔 놓는다.

개그라고 하면 흔히 말로 하는 코미디를 뜻하지만, 개그의 핵심적인 특성은 이야기의 흐름과 무관한 에피소드의 끼여들기이다. 그래서 3단계 개그라고도 한다. 그것의 가장 기본적인 형태를 "트로이카 탕탕탕"에서 찾을 수 있다. 첫 번째와 두 번째 등장 인물은 정상적인 내용을 반복한다. 그럼으로써 보는 사람에게 현실의 통념을 확인시킨다. 세 번째 사람은 그 흐름을 정면으로 거스른다. 그럼으로써 우리가 의심하지 않고 가져온 통념의 편벽됨을 확인시킨다.

말로 하는 연기도 그렇다. 가장 초보적인 수준에서, 가령 1970년대 코미디언인 이기동이 만들어 낸 '쿵다라닥닥 삐약삐약' 같은 의미 없는 말은 그 입 안에 감도는 박자 감각과 짜릿한 비틂을 통해서 틀에 박힌 구문에 갇혀 지내던 말의 기지개 같았다. 맹구의 문장 성분 혼란이나 레일맨의 문맥 비약, 두 석의 현학적 장광설 등도 현실 언어의 혼란상과 위선을 반영하면서 동시에 과장한다.

(3) 코미디는 약자의 담론

코미디가 현실을 비트는 까닭은 그 현실을 지배하는 강자의 검열을 피하기 위해서다. 현실을 노골적으로 묘사하며 발언하는 것이 금지되어 있기 때문이다. 그래서 마치 꿈에서 응축과 전치를 통해 욕망을 에둘러 표현함으로써 초자아의 검열을 피하듯 코미디도 강자와 그가 지배하는 현실을 공격하되 그 진의를 위장시킨다. 그래서 코미디를 약자의 담론 *the discourse of the loser* 이라고 할 수 있다.

코미디의 등장 인물을 보면 주인공은 대개 순박한 사람, 부적응자, 운수 나쁜 사람, 바보, 이방인 등이다. 이들은 자기가 가진 약점 때문에 정상인들에게는 평범하기만 한 상황에서도 얼토당토 않은 실수를 저지른다. 이들은 때때로 자신을 곤경에 빠트리는 현실에 대해 소박한 반격을 도모하기도 한다. 하지만 <유머 일번지>(KBS2, 1989 ~92)의 "변방의 북소리"의 심형래처럼 결과는 늘 영악한 주변 인물들의 승리로 끝난다. 하지만 그러한 우스꽝스러운 실패담을 통해 궁극적으로 드러나는 것은 그들을 둘러싸고 있는 잘못된 사회이다.

하늘이 이들을 돕기도 한다. 우연하지만 치밀한 경로를 통해서 강자의 시도가 좌절되고 조롱 당한다. 물론 여기에 양반을 골탕먹이는 말뚝이는 등장하지 않는다. 다만 상존하는 약자들의 위반 의지가 그러한 위력을 발휘한다. 웃음은 강자에 대한 공격의 성공 여부를 떠나 약자들 간의 그러한 위반을 지향하는 공모 관계가 확인될 때 터져 나오는 기쁨의 표시이다. 그리고 최종적으로 코미디 속의 약자와 그것을 보고 있는 코미디 밖의 약자, 곧 시청자들은 이 세상이 강자 중심의 불합리한 체제임을 자각하고, 그에 대해 지금껏 둔감했음을 자각하게 된다.

(4) 문제는 비현실을 비트는 것

그런데 우리 텔레비전 코미디에서는 그러한 약자의 의지와 기쁨을 찾아 볼 수 없다. 처음 언급한 "코미디가 없다"의 뜻을 이렇게 이해하게 된다. 어째서일까? 코미디 연출자와 연기자들의 견해는 현실의 제약이 워낙 강하기 때문이라는 것이다. 텔레비전 코미디의 발전을 가로막는 요인들 가운데 가장 심각하게 꼽는 것이 소재 제한이다. 도대체 마음껏 표현할 수 있는 대상이 없다는 말이다. 사회의 특정 계층이나 집단을 소재로 삼으면 당장 당사자들에게 거센 항의를 받게 되고, 특히 현역 정치인들이나 종교 문제는 성역시 된다. 어린이가 출연해도 곤란하다. 엄숙해야 하는 것, 가령 상가喪家 풍경 등은 코미디의 소재가 되어선 안 된다. 코미디언들이 애정 표현 연기를 하면 역겹다는 등 말이다. 이런 반응들은 특정 집단의 피해 의식 그리고 우리 사회에 만연해 있는 코미디 비하 태도 등에 기인한다. 그렇지만 그러한 상황과 타협함으로써 코미디를 포기한 것은 코미디 연출자와 연기자들의 비겁함은 아닐까.

결국 코미디 프로그램은 현실의 제약을 극복하지 못함에 따라 현실 상황이나 생활인들의 정서 밖으로 한참 빗나갈 수밖에 없다. 현실에서 출발하여 그것을 비틂으로써 웃음을 유발하고, 그 결과로 다시 현실에 대한 자각에 이르는 코미디가 되어야 하는데, 이미 비틀린 비현실에서 출발하여 그것을 다시 꼬려고 하니 무리한 표현들이 나오게 된다.

그 양상은 다양하다. 남녀의 역할을 바꿈으로써 여성의 몸을 노골적으로 상징화하고 모욕하는 천박함, 각본에 따라 계산된 때리기 연기와는 차원을 달리하는 무성의한 폭행들, 무대 질서를 흐트러뜨리는 몇몇 남자 코미디언들의 몰염치 등은 가장 극단적인 사례들이다. 또, 새로운 아이디어보다는 재연이 흔하게 시도되고, 패러디의 구실로 행해지는 다른 장르에의 편승과 우려먹기도 벽에 부딪친 코미디가 어쩔 수 없이 찾아간 도피처로 보인다. 그리고 프로그램 형식의 측면에서 정통 코미디의 퇴조와 코믹 버라이어티의 강세 역시 마찬가지 맥락에 놓여 있다.

결국 프로듀서들은 좋은 코미디를 만드는 것보다 어떻게 하면 현실을 피해 가며 웃길 것인가를 고민해야 하니 인력 낭비이고, 시청자들은 그러한 프로그램이라도 보며 웃음을 쥐어 짜여야 하니 '코미디 프로그램'을 한다는 것이 모두에게 불행을 주기 위해서란 말인가!

그래서 이런 제안을 하게 된다. 차라리 처음부터 다시 시작하자고 말이다. 맹목적인 웃음을 위해 공격의 화살을 약자들에게 돌려서 오히려 상징 폭력을 행사하기보다는 큰 웃음을 주지는 못하더라도 현실 자체를 재현하는 것이 어떻겠냐고.

강자의 눈총이 두려워 풍자가 어렵다면 가령 "이경규가 간다"처럼 우리 자신의 모습을 거울에 비춰 보여 주는 것도 좋다. 또, 한 때 <코미디 전망대>에서 했듯이 살면서 겪는 희한한 사연들을 재현하는 것도 괜찮다. 비틀어 보여 주고 싶은 강자의 현실에 다가갈 수 없다면 비틀지 않아도 되는 우리 자신의 현실을 즐기는 것이 제대로 된 코미디로 가는 하나의 출발점이 될 수 있을 것이다. 풍자 바깥에서도 코미디는 저질스럽지 않은 즐거움을 줄 수 있다.

3) 코미디 프로그램 프로듀서의 역할

방송 제작 메커니즘을 알면 더 좋은 비평을 할 수 있다고 하는 제작진 쪽의 반박을 접할 때면 그 속에 담긴 냉소적 분위기를 느끼게 된다. 비평의 목적에 따라서 제작 메커니즘에 대한 지식이나 정보와 무관한 경우가 더 많다. 하지만 정말 알고 싶은 부분이 있기는 있다. 오락 프로그램에서의 프로듀서의 역할이 바로 그것이다. 한 편의 프로그램은 탄생과 사멸의 행로를 걷게 마련인데, 중요 계기마다 어떤 작업들이 이루어지는지, 그리고 이 때 모든 짐은 감독에게만 맡겨지는지 아니면 프로듀서 혹은 CP(Chief Producer)의 역할이 일정하게 있는지 궁금하다.

구체적으로 말하자면 이렇다. <TV는 사랑을 싣고>의 마스코트 역할을 했던 이창명을 캐스팅하자는 판단은 어떻게 이루어졌을까? 개인기도 없고 내세울 만한 대표 콩트 한 편 없는 그가 전국 초등학교 교감 선생님들의 근엄하게 굳어 버린 어깨를 풀어 헤쳐 낼 잠재력을 발휘하리라는 예견을 과연 했을까? 그보다 약하지만 <호기심 천국> (SBS, 1998~2002) 의 김경민도 마찬가지 맥락에 놓인다. 또, <서세원 쇼>의 축소 과정에서 폐지될 뻔했다는 "토크 박스"의 가치를 알고 살려 둔 사람은 누구일까? 한 편의 오락 프로그램이 각 신문 지면에 언급될 때는 이미 흥행에 성공하고 난 후다. 방송사 입장에서는 이 때가 바로 그 프로그램의 몰락 이후를 준비해야 하는 시점이라고 생각하는데, 그 준비는 누가 하는가?

대다수 코미디 프로그램들이 거의 전멸된 상태에서 그 전성기를 누리고 있는 <개그 콘서트>를 보면서 이런 궁금증이 떠오른 것이다. 한 편의 프로그램이 성공함으로써 누리게 되는 즐거움은 연출진과 연기자들의 몫이다. 그들을 더 추동하고, 밀어주기 위해 CP와 더 위의 관리자들은 어떤 고민을 하고 있는가? 연기자 자신도 아직 모르는 잠재력을 살릴 제자리를 찾아 주고, 잘 나가는 프로그램에 집중력을 기할 수 있도록 겹치기 출연을 막아 주어야 한다. 한창 잘 나갈 때 그 여력의 쇠잔함을 일찌감치 간파하여 결정적인 순간에 활력을 불어넣는 방향성을 설정할 역할이 바로 CP가 해야 할 일이 아닐까.

<PD연합회보>를 통한 한 차례의 논쟁[1]에서 끝어내야 하는 핵심적인 논지가 바로 이것이다. <개그 콘서트>의 경우 공연 현장에 와 있는 방청객들의 열기나 일정한 궤도에 진입하여 유지되는 시청률도 자족할 수 있다. 거기에서 한 걸음 떨어져 냉정하게 그 현재를 파악하고 미래를 모색하는 제2의 제작 주체가 방송사 안에 있어야 한다고 보는데, 그 방안이 CP를 보좌하는 기획 집단의 설치일 것이다.

2. 코미디 심의와 프로듀서: 폭력성 평가의 관점

1) 심의와 프로듀서를 관찰하는 네 가지 이유

텔레비전 코미디에 대한 평가 태도가 부적절하면 코미디 제작진에게 설득력을 갖기 어렵고, 실제 프로그램 제작 국면에 반영되기 힘들기 때문에 유효한 평가 행위라 할 수 없다. 또, 기존의 피상적이고 기계적인 파악과 사회의 다른 규범적 가치에 기반한 평가 기준들은 텔레비전 프로그램의 특정 장르에 대한 논의에 부적합하다. 평가의 형태가 어떠하든 즉, 논문, 모니터 보고서, 평론, 신문 기사, 방송위원회의 프로그램 심의 그 무엇이든 간에 부정적이고 무력한 상태에 빠질 수 있기 때문에, 코미디 평가 태도야말로 반드시 극복해야 할 과제이다.

---

1. <PD연합회보> 2000년 2월 17일자(184호)에 방송 비평 모임의 이희수가 정리한 글 "개그 콘서트 몰락의 징후"에 대하여 다음 호(185호)에서 <개그 콘서트> 연출자 이승면 프로듀서가 "성급한 개그 콘서트 몰락론"이라는 제목으로 반론을 편 바 있다.

이런 여러 형태로 이루어질 수 있는 평가 행위들 가운데 프로그램 제작에 실제 영향력을 행사할 수 있는 것이 심의이다. 따라서 다른 평가들에 비해 프로듀서들도 더 신경이 쓰이게 마련이다. 하지만 심의는 프로그램 장르의 특성을 고려하지 않고, 가장 일반화·보편화될 수 있는 가치 기준들에 따라서 평가함으로써 장르 발전을 위한 모색에 가장 무력하다고도 할 수 있다. 물론 프로그램 심의가 지향하는 것은 구현해야 할 바를 제시하거나 창작 욕구를 자극하는 적극적인 쪽이 아니라, 최후까지 어겨선 안 될 선을 넘어서는지를 감시하는 소극적인 쪽이기 때문에 그건 당연할 수도 있다. 따라서 여기에서 중점적으로 검토하는 방송위원회의 코미디 심의 내용들과 그에 대한 프로듀서들의 의견들은 코미디에 대한 평가 전반에 대한 재평가를 위해 설정할 수 있는, 평가 행위의 가장 선두에 서 있는 대상인 셈이다.

여기에서 시도하고자 하는 작업은 텔레비전 코미디 장르에 적합한 평가 기준을 마련하기 위한 첫 걸음이라고 할 수 있다. 여러 가지 가능한 쟁점들 가운데 우선 텔레비전 프로그램의 폭력성 *violence*에 초점을 맞춰 코미디 장르와 코믹한 맥락과의 관련 속에서 그 폭력성에 대한 평가를 어떤 관점에서 해야 하는지를 제기하고자 하는 것이다. 따라서 이 글이 모색하는 바의 목표는 코미디 심의뿐만 아니라 코미디 제작 방향과도 밀접한 연관이 있다.

지금까지 코미디 장르에 대한 불만과 문제 제기의 가장 큰 부분은 다른 장르, 즉 사회의 다른 영역에서 통용될 기준을 코미디에 (잘못) 적용시켰다는 점이다. 이는 곧 코미디 장르 자체의 특성에 대한 고려가 적었다는 뜻과 통한다. 이런 정황은 텔레비전의 폭력성에 대한 평가 태도에서도 비슷하게 나타난다. 프로그램에 폭력적인 장면들이 나올 때, 그 장면들이 동일한 의미를 갖고 언제나 똑같은 효과를 낸다고 보기는 어렵다. 전후 맥락에 따라서 상반된 의미와 효과를 낼 수도 있고, 장르에 따라 달라질 수도 있기 때문이다. 이 글에서는 코믹한 맥락 *humorous context* 의 작용 방식과 코미디 프로그램 폭력성을 평가하는 관점에 대해서 논의하고자 한다.

첫 번째 목표는 이런 작업을 통해 코미디 장르에 대한 편견을 불식시킬 수 있다는 점이다. 코미디는 하찮거나 저질스러운 일종의 '필요악'이 아니다. 그렇다고 손쉽게 시청률을 올릴 수 있는 흥행 수단에 머물러 시청률을 올리기만 하면 그 역할이 모두 충족되는 소모품 또한 아니다. 즐거움 유발 기술의 조악함에서 비롯된 엉성한 코미디나 일단 인기 있는(이른바, 뜬) 개그맨의 약효 — 활용 가능한 모든 역할 — 가 떨어질 때까지 중복, 반복 캐스팅하는 '더러운' 오락물 제작 태도 등이 더 큰 문제를 낳고 있다. 이는 코미디 자체가 하나의 독자적인 문화 형태라는 인식이 없어서 빚어진 극단적인 잘못이라고 할 수 있다. 이런 인식을 불러일으킬 수 있다면 그것이 이 작업의 두 번째 목표이다. 보도나 교양, 드라마와 같은 다른 장르에 적용될 법한 기준으로 코미디를 평가하는 우를 범하지 않도록 하는 것이 이 글이 지향하는 세 번째 가장 핵심적인 목표인데, 이는 또한 제작진에 대해서도 마찬가지로 요구되는 바이다. 사실 이런 요구는 코미디 제작진 쪽에서 많이 나오는 불만 사항인데, 제작진에게도 마찬가지 요구를 하다니 무슨 말인가? 그것은 제작진들이 그러한 평가 범주에서 빗나간 적용에 대해 비판을 하고자 한다면, 그러한 비판에 병행해서 코미디언으로서의 자기 성찰 즉, 코미디 장르의 가능성을 성취해 내고자 노력하고 있는가 하는 자기 성찰을 해야 한다. 이 글은 그러한 성찰의 한 좌표가 되고자 하기 때문이다. 그래서 네 번째 목표는 코미디 프로그램에 대하여 코미디의 질에 대한 평가라 할 수 있는 관점을 제시하고자 한다.

2) TV의 폭력성에 대한 재인식: 장르 특성과 맥락

텔레비전 프로그램의 폭력성에 대한 사회적 문제 제기는 새로운 현상이 아니다. 그만큼 텔레비전의 폭력성에 대한 사회적 인식이 심각하다는 것을 뜻한다. 그러한 문제 제기가 장기간 지속되는 것은 사회적 인식과 방송사의 입장이 아직 접점을 찾지 못했음을 반증한다. 텔레비전의 폭력 효과에 대한 이론적 모델들도 다양한 각도에서 개발되어 왔다.[2] 그 이론들은 텔레비전의 폭력성이 시청자들의 행동과 인지에 미치는 직접적인 영향에 주목하는 경우, 시청자들의 정서 형성에 미치는 영향에 주목하는 경우, 그리고 사회 전반적인 감각과 가치관 형성에 미치는 영향에 주목하는 경우 등으로 구분해 볼 수 있다. 하지만 그러한 구분은 텔레비전 폭력성의 영향력 가운데 어떤 측면에 더 주목하느냐 하는 강조점의 차이일 뿐 텔레비전 폭력성을 보는 기본 관점이 다른 것은 아니다.

그 이론적 접근들을 조망해 보면 텔레비전의 폭력성을 문제 삼고자 할 때 일반적으로 동원되는 논지들을 정리할 수 있다.

첫째, 텔레비전의 폭력은 현실에서 폭력 행위를 유발시키는 원인이 된다.
둘째, 텔레비전의 폭력은 현실에서 폭력 행위의 구체적인 교본이 된다.
셋째, 텔레비전의 폭력은 시청자들에게 공포감 등의 불쾌감을 준다.
넷째, 텔레비전의 폭력은 시청자들로 하여금 사회적인 폭력이 만연했음을 느끼게 하고, 폭력의 해악을 둔감하게 만든다.
다섯째, 합리적인 해결 방법보다 폭력적인 수단을 선호하게 한다.

---

2. 텔레비전의 폭력성 효과에 대한 이론들은 "Violence in Television Programming Overall: University of California, Santa Barbara Study," *National Television Violence Study; scientific papers* (1994~5), Mediascope, Inc를 참조하였다.

이 내용들에는 원론적인 차원의 성격과, 현실에서 발생한 사건에서 그 원인을 추론한 결과론적인 논지, 그리고 광범한 대중 접촉성을 갖는 텔레비전에 대한 당위론적 요구 등이 섞여 있다. 그런데 특정한 프로그램에 대한 구체적인 평가(그것이 심의가 될 수도 있다)로 들어가면 원론적인 차원에서 텔레비전의 폭력성에 대한 비판적 관점을 공유한다고 해서 문제가 쉽게 풀리는 것은 아니다. 이 때 특히 제기되는 난점이 장르의 특성과 이야기 맥락의 작용이다.

텔레비전의 폭력 효과와 관련한 평가들(심의 사례 및 문화 지표 조사)에 대하여 제기할 수 있는 중요한 보완점 가운데 하나는 유사한 양상을 띠는 폭력 장면이라 해도 장르에 따라서 그리고 전후 맥락에 따라서 그 폭력성이 달라질 수 있음을 고려해야 한다는 점이다.

(1) 장르 특성과의 연관성

특정 장면 혹은 에피소드에 대한 평가는 그 장르의 특성을 이해한 위에 이루어져야 적실성을 확보할 수 있을 것이다. 가령 외형상 유사한 장면이나 표현 방식도 그것이 어떤 장르의 프로그램에 등장하느냐에 따라 그 성격이 달라질 수 있다. 텔레비전 화면 속의 장면이 의미를 생성시킬 때 현실의 준거 대상에 의해 동기화 *motivation* 되는 정도에 따라 텔레비전 프로그램 장르들을 구분해 본다면 다음과 같은 순열이 만들어질 수 있다.

동기화 ◀━━━━━━━━━━━━━━━━━━▶ 자의성
보도 - 다큐멘터리 - 리얼리티 프로그램 - 드라마 - 코미디 - 만화 뉴스의 경우 텔레비전 화면에 등장하는 장면은 현실 동기화 정도가 다른 장르에 비해 가장 높다고 할 수 있다. 실제 현실에서 발생한 바로 그 장면을 약간의 가공(카메라 프레임과 편집)을 거쳐 내보낸 것이다.

다큐멘터리 역시 실제 현실의 장면이기는 해도 뉴스에 비해 일정한 이야기 틀 안에 재구성시킨 것이란 점에서 그 가공 정도가 높고 그러므로 뉴스에 비해 동기화 정도가 낮지만 다른 장르에 비해서는 동기화 정도가 높은 장르라고 할 수 있다.

리얼리티 프로그램은 상황 자체는 현실에서 실제 발생한 것이지만 현실 그 자체를 담은 화면을 보여 주는 것이 아니고 재연 화면이라는 점에서 현실 모사라고 할 수 있다.

현실 모사라는 점에서는 드라마도 마찬가지이지만 리얼리티 프로그램의 소재는 실제 현실에서 있었던 상황인 반면 드라마의 경우는 현실에서 발생할 법한 개연적인 것이란 점에서 동기화 정도는 낮고 좀더 자의적이라고 할 수 있다.

코미디는 현실 자체를 왜곡시키는 데 장르의 핵심이 있기 때문에 그 자의성 *arbitrariness* 정도가 아주 높아진다. 하지만 여전히 실제 인물들이 등장하는 실사라는 점에서 현실 의존성이 완전히 무시되고 있지는 않다.

그에 비해 만화는 현실의 도상 *icon* 이라고는 해도 기본적으로 상상의 세계에 기반하고 있고 자유로운 묘사의 정도가 무한정 하기 때문에 텔레비전 장르 가운데 가장 자의적인 장르라고 할 수 있다.

이렇게 동기화와 자의성의 축을 중심으로 장르의 특성을 구분해 볼 때 코미디에 적용해야 할 평가의 기준은 분명 현실 규정성이 높은 즉, 동기화 정도가 높은 다른 장르와 달라야 한다. 코미디는 기본적으로 현실의 왜곡 즉, 현실의 비틀기, 과장, 단순화 등을 표현의 본질로 삼기 때문이다. 그래서 가령 드라마 같으면 차분한 연기가 이루어질 상황도 코미디에서는 과격한 몸짓으로 과장하게 되는 것이다. 그런데 이런 몸짓의 과격성이 좋지 못한 장면으로 평가받는다면 그것은 코미디의 본질을 포기하라는 지적이 될 수도 있다. 그러므로 코미디에 적절한 평가가 이루어지기 위해서는 먼저 코미디 장르의 특성에 대한 이해가 선행되어야 한다.

(2) 맥락의 개입

프로그램을 구성하는 여러 요소들 사이의 관계, 즉 그 요소들이 만드는 맥락을 고려하지 않으면 의미 있는 평가와 지적이 되기 어렵다. 전후 맥락, 혹은 사회적 맥락 그리고 앞서 얘기한 장르적 특성과 같은 표현 양식상의 맥락 등이 심도 있게 고려될 때 비로소 특정 단편적인 장면이나 에피소드에 잘못 적용될 수 있는 판단 기준이 더 명료해질 수 있을 것이다. 다음 예는 문화적인 맥락을 무시하고 텔레비전의 대중 매체의 맥락만을 강조해서 빚어진 어색한 평가라고 할 수 있다.

> 우리 사회에서 고쳐져야 할 총알 택시 문제를 코믹하게 편집하여 방송하고 그 해결책과 함께 객원 해설 위원인 박모 씨의 판소리 칼럼으로 비판하는 시사 코미디 프로그램의 내용 중, 주둥이·시부렁시부렁·시러베 아들놈·눈구녁·환장·처먹었냐·쌔려 죽일 놈아 운운의 비속어와 욕설을 여과 없이 방송한 것은 국민의 바른 언어 생활을 저해할 우려가 있음(<방송심의사례집>, 1993: 231).

예에 등장하는 "주둥이, 눈구녁, 시부렁시부렁, 환장, 처먹었냐" 등은 그 자체만 놓고 보면 분명 속어이고, "시러베 아들놈, 쌔려 죽일 놈아" 등은 욕설이 틀림없다. 하지만 그것은 판소리 사설解說의 형식과 분위기를 도입한 것이라서 판소리의 맥락에서 보면 지극히 자연스러운 말투이고 언행이다. 그러한 판소리의 맥락을 사상한 채 피상적인 차원에서 비속어가 등장한다는 이유만으로 방송에 부적합하다고 판정한다면 판소리 사설의 상당 부분이 방송 불가가 되는 어처구니없는 상황이 벌어질 것이다.

또한 1995년도 방송 문화 지표 조사 결과를 보면 눈에 띄는 점수가 있다. 만화 영화 <피노키오>의 경우 8월 조사 점수 246.26점이고, 10월 조사 점수는 0점으로 떨어졌다. 이 경우는 피상적 지표 조사 방법에서 비롯된 어색한 결과라고 할 수 있다. 8월의 점수는 조사 대상 만화 영화 10개 가운데 2위에 해당하는 높은 폭력성을 나타내고 있는데, 그것은 <피노키오>의 줄거리를 살펴보면 쉽게 이해가 간다. <피노키오>의 전체 줄거리는 인형이 점차 인간의 선한 심성을 갖춰 가는 성장 드라마에 해당한다. 그 과정에서 피노키오는 수많은 유혹과 학대와 모험을 경험하는데 그 에피소드들을 일련의 전개 과정으로 보지 않고 단편적으로 완결된 사항으로 볼 경우 분명 폭력적인 평가를 받을 수밖에 없는 측면이 있다. 단편을 전체와의 상관 관계 속에서 판단하고 또 전체를 부분들의 상호 관련 속에서 판단할 경우 <피노키오>는 분명 교훈을 담고 있는 어린이용 고전 작품에 해당하겠지만, 부분들을 따로 분리시켜 평가할 경우 <피노키오>의 중반부는 어린이들에게 부적합한 것으로 평가받을 수밖에 없다. 그렇다고 중반부를 건너뛰고 피노키오 이야기를 들려(보여) 줄 수는 없는 노릇 아니겠는가.

(3) 폭력의 맥락 구속성과 맥락 무관성

이렇게 폭력적 장면이나 내용은 장르 또는 전후 맥락에 따라 달리 평가되어야 한다고 할 때에도 간과할 수 없는 문제가 있다. 코미디에서 이루어지는 상습적인 폭행(뺨 때리기, 뒤통수 때리기 등)이라든가, 흉기의 등장, 잔혹한 장면 등이 결론적인 권선징악이나 코미디적 과장의 구실로 무한정 허용될 수는 없다는 주장도 충분히 정당성을 갖고 있다.

오히려 코미디 장르의 경우 그러한 폭력 관련 요소들은 더 강조하여 비판될 필요가 있다. 현실의 생경한 노출은 코미디로서 제자리를 잡지 못했음을 나타내는 한 반증이 된다. 직설적인 표현보다 완곡 어법을 통한 둘러대기가 때때로 더 큰 설득력을 갖는 경우가 있듯이, 코미디는 현실을 직설적으로 노출시키지 않고 다양한 표현 양식을 통해 왜곡시킴으로써 오히려 현실에 대한 일반의 인식을 깨우쳐 주는 풍자 기능을 행할 수 있다.

그러한 의미에서 앞에서 든 판소리와 <피노키오>의 사례들이 폭력성의 변수적 영역, 즉 장르와 맥락에 따라 달리 평가되어야 할 부분으로 보아야 하는 반면, 뒤의 예들(상습적 폭행, 흉기, 잔혹성)은 장르나 맥락과 무관하게 폭력성의 상수적 영역으로 볼 필요가 있다. 즉, 맥락 구속성과 맥락 무관성의 구분을 통해 텔레비전의 폭력성을 판별한다면, 단편적인 장면에 매몰된 독단적인 지적과 동시에 그 반대편에서 장르와 맥락의 특수성을 구실로 한 폭력성의 생경한 노출 모두를 극복할 수 있을 것이다.

(4) 폭력 묘사의 유머 맥락의 효과 연구

"폭력적 묘사라고 해서 그 위험성이 다 같지는 않다. 갱에 관한 다큐멘터리의 폭력 장면과 액션 영화의 폭력 장면은 아주 다를 것이다. 전자는 공격성을 억제시키는 반면 후자는 그것을 매혹적으로 그릴 것이다. <쉰들러의 리스트>와 <터미네이터>의 차이도 마찬가지이다." 이 구절이 들어 있는 미국 텔레비전 폭력 연구(*National Television Violence*

Study)의 보고서에는 폭력이 묘사되는 맥락의 중요성을 보여 주는 흥미로운 연구 결과들이 소개되고 있다.

바론과 베일의 연구에서는 유머 잡지 만화가 성난 사람들에게는 현격하게 공격적 행위를 감소시켰고, 성나지 않은 사람에게는 별 영향을 주지 않았다고 한다(Baron & Bail, 1974). 일반적으로 생각할 때 유머는 폭력의 감도를 완화시키리라고 여겨지는데 그러한 일반적 인식을 뒷받침하는 연구 결과인 셈이다. 그런데 뮐러와 도너스테인의 연구는 수용자의 상태와의 관련성 속에서 농담의 수위에 따른 차별적인 작용을 설명한다(Mueller & Donnerstein, 1977, 1983). 즉, 성난 피험자들에게 고단위 유머 *intense form of humor* 가 연한 유머 *mild humor* 보다 더 현저하게 공격적 행위를 유발시켰다. 또한 여러 연구들을 통해 볼 때, 연성 유머는 긍정적 분위기를 조성함으로써 공격성을 감소시킬 수 있고, 그 반면 더 강렬한 형태의 유머는 공격성을 부추길 수 있다(Berger, 1988; Zillmann & Bryant, 1991).

버코위츠는 공격적 유머 *hostile humor* 가 성난 피험자, 성나지 않은 피험자 모두에게 공격적 반응을 증대시킨다고 했다(Berkowitz, 1970). 또, 바론은 적대적 유머 *hostile humor & cartoon* 가 수용자가 성난 경우이든 그렇지 않은 경우이든 언제나 공격성을 증대시킨 반면 적대적이지 않은 유머는 오히려 공격성을 감소시켰다고 했다(Baron, 1978). 이런 연구 결과들은 유머와 폭력의 조합이 공격성을 촉진시킨다는 증거로 해석되기도 하고, 또 폭력 장면들이 불러일으킨 감정을 유머가 배가시킨다는 설명으로 이어지기도 한다(Zillmann, 1979).

이런 실증적 연구들의 내용을 정리해 보면 유머가 폭력성과 상호 작용한 결과는 조건에 따라 상반되게 나타난다는 것이다.

첫째, 유머는 폭력성의 완화 쪽으로 작용하는 경우가 있다. 유머는 폭력의 심각성을 감소시킴으로써 화면상에 나타나는 고통과 손상에 대한 시청자들의 거부감을 줄여 준다. 하지만 동시에 유머의 그러한 폭력성 완화 기능은 폭력에 대한 둔감화를 촉진시키는 것으로 우려되기도 한다. 시청자로 하여금 유머가 포함된 폭력 장면을 덜 공격적이고 덜 잔인한 것으로 여기게 함으로써 폭력과 폭력의 결과를 사소하게 느끼도록 만들 수 있다.

둘째, 반대로 유머는 폭력성의 강화에 기여할 수 있다. 특히 수용자가 이미 화가 난 상태에 그러한 작용이 더 잘 이루어지고, 또 유머의 수준이 고단위의 적대성을 띨 경우 더 그렇다.

이런 실증 연구들의 내용을 통해서 일단 유머 맥락이 혹은 내용의 코믹한 성격이 폭력성에 작용하는 방식이 일정하지 않고 때때로 아주 상반되게 나타나기 때문에 일정한 이론화가 아직은 어렵다는 것을 알 수 있다. 하지만 몇 가지 개념 범주들이 추가된다면 그러한 연구 결과들의 일반화가 불가능한 것 같지는 않다.

첫째, 공격성과 폭력성은 구분되어야 한다. 폭력성이 피상적인 차원에 해당하는 반면 공격성은 코미디 장르의 본질에 해당하기 때문이다. 코미디의 공격성은 폭력적인 장면이나 언어를 사용할 수도 있지만, 대개의 경우 오히려 겉으로 드러난 차원에서는 전혀 폭력적이지 않다. 그러므로 코미디에서 폭력성이 노출되는 경우 그것은 차라리 코미디의 본질적인 수준에 이르지 못한 것으로 비판되어야지 코미디가 폭력적이라고 하는 결론으로 이어져선 안 될 것이다.

둘째, 유머가 조건에 따라 폭력성을 강화시킨다는 연구 결과들에 대한 해석에 새로운 개념 범주가 추가되어야 할 것이다. 기존의 설명들은 수용자 요인(화가 나 있는가 그렇지 않은가)과 텍스트 요인(폭력과 유머의 결합에 의한 상승 효과)에 입각하고 있다. 이 글에서는 텍스트 요인 가운데 폭력과 유머가 결합할 때 어째서 폭력성의 상승 효과가 발생하게 되는가에 대한 개념적 해명을 시도하고자 한다.

3) 코미디 심의의 경향

방송위원회의 심의의 기본 성격이 '보호주의적 *protectionistic*'이고 그 배경에 시청자에 대한 소아주의적 상 *paedocratic audience image* 이 전제되어 있다는 분석을 제기한 적이 있는데(손병우, 1994), 코미디 심의가 코미디의 장르 특성을 고려한 위에 이루어지고 있는가 하는 점을 살펴보고자 하는 것이 이 글의 주된 목적이다. 기존 심의 사례들에 대해 의심의 여지없이 수긍할 수 있는 지적 사례부터 시작해서, 그 의문의 정도가 많아지는 순서로 심의 경향에 대하여 재론해 보도록 하자.

(1) 기본적인 지적 대상들

먼저 장르 특성이나 맥락과 무관하게 의심의 여지없이 지적될 수 있는 경우가 있다. 폭력적 표현에 해당하지는 않지만 간판이나 상호의 노출과 같은 간접 광고 행위 혹은 효과가 대표적이다.

둘째, 취재나 촬영을 위해 방송사 차량이 갓길을 달리는 것과 같은 위법 행위를 할 경우 역시 재고의 여지가 많지 않다(<방송심의월보>, 1996. 8: 33).

셋째, 욕설이 난무하는 등 코미디의 수준에 이르지 못한 저질 연기에 대해서 지적이 되어야 한다(<방송심의사례집>, 1996: 178).

(2) 코미디에서 주의해야 할 사항

코미디 프로그램으로서 특히 표현에 주의해야 할 사항들이 있다. 이런 사항들에 대한 심의는 제작자들에게 일정 부분 자각의 계기가 될 수 있다.

첫째, 장애자 등 사회적 약자에 대한 보호는 아무리 강조되어도 지나치지 않다(<방송심의사례집>, 1995: 126).

둘째, 어린이는 위의 사례와 그 경우가 달라질 수 있지만, 공격의 대상이 되어선 안 된다는 점에서는 같다. 어린이가 공격의 대상이 될 경우 "가학적"이라는 평가를 받게 된다(<방송심의월보>, 1996. 1: 3~7).

셋째, 흉기의 사실적 사용은 코미디 장르의 성격과 상충된다. 코미디에서는 폭력성이 완화되기도 하지만 코미디 특유의 변형이 이루어지지 않은 폭력 장면은 오히려 그 충격이 강화될 수 있다(<방송심의사례집>, 1995: 177).

(3) 경계선의 사례

심의 사례들 가운데에는 프로그램 전체의 표현 방식에 대한 면밀한 검토가 선행되지 않고는 판단을 내리기 어려운 경우가 많이 있다. 표현 방식에 따라 심의에 의해 규제되어야 하는 영역으로 밀려날 수도 있고, 코미디의 특유한 표현으로 인정될 수도 있다.

첫째, 상품 광고의 모방으로서 간접 광고 효과가 확실히 추측되는 사례가 있는 반면(<방송심의사례집>, 1995: 238~9의 사례 6, 7), 상품 광고의 패러디로 인정될 수 있는 사례가 있다(<방송심의월보>, 1996. 2: 24).

둘째, 장르의 경계가 무너지고 혼합되는 추세에서 코미디 프로그램에 공포물이 한 꼭지 포함되는 경우가 잦아졌다. 그에 따라 코미디 프로그램에 잔혹한 장면이 등장하는데(<방송심의사례집>, 1995: 173), 그 맥락은 유머 맥락이 아니라 오락 프로그램의 맥락으로 확대시켜 보아야 한다. 그래서 이런 버라이어티 유형의 프로그램에 등장하는 잔혹한 장면은 코미디와의 관련성 이전에 텔레비전 화면에서의 잔혹성의 허용 한계가 먼저 규정되어야 할 문제이다.

셋째, 위법 행위의 경우에도 방송사 차량이 갓길을 달리는 것과 같이 상징성 없는 현실적 필요성에 의한 위법 행위는 마땅히 지적되어야 한다. 하지만 영상 표현물로서 기찻길 위를 거니는 모습이나, 내용 전개상 등장하는 노상 방뇨 장면 등이 위법 행위를 조장하는 것으로서만 지적되어야 마땅한지, 아니면 반대로 더 리얼한 연기를 한 것으로 인정받을 수 있는지 여부는 사례에 따라 각각 세심한 검토가 이루어져야 한다.

(4) 심의 내용 구성상의 문제

심의 결과의 설득력과 관련해서 심의 내용 작성상의 개선점을 지적하고자 한다.

첫째, 구체적이고 신랄한 지적이 이루어져야 한다. 포괄적으로 제정되어 있는 탓에 모호한 의미를 담고 있는 심의 조항의 한계를 보완하려면 그 조항이 실제 적용된 사례 심의문이 위반의 구체적인 지점을 적시해야 한다. 그리고 위반 사례에 대한 심의 조항의 기계적인 대입에 그칠 것이 아니라, 논리적인 충분한 논의와 근거가 제시되어야 한다. 그러한 구체적인 지적이 이루어져야 심의에 대해 제기될 수 있는 반론이나 반감이 줄어들고 설득력을 얻을 수 있을 것이다. 그런데 적지 않은 경우 심의 내용이 심의 규정을 단순히 동어 반복함에 따라 앞서 길게 인용된 프로그램 내용 자체까지도 모호해져버리는 경향이 있다.

둘째, 사례에 따라서는 심의 조항의 적확한 적용인지가 의심되는 경우도 있다. 심의 규정 34조는 인명의 존중 항목인데, 그 내용은 "…… 살인, 고문, 폭력, …… 학대, 인신매매, 유괴 등…… 잔혹한 행위…… 육체나 정신상의 고통…… 상세…… 묘사……"에서 나타나듯이 아주 강도 높은 폭력과 피해의 묘사를 금지하는 조항이다. 다음은 이 조항의 1994년도 심의 사례다. 주유소 급유 직원으로 일하는 노부부가 롤러 스케이트를 타고 일하다가, 거스름돈을 잊고 출발한 손님에게 그것을 돌려주기 위해 차 뒤에 로프를 걸어 따라가다가, 정거한 차에 부딪치기도 하고, 차도에 엎드려 끌려가기도 하는 장면이다. 말하자면 이 코미디는 노인과 롤러 스케이트의 부조화, 또 겉보기의 쇠약함과 실제 행동상의 넘치는 활력과 같은 상충된 요소의 결합을 통해 웃음을 의도한 것이다. 이 정도 과장조차 코미디에서 허용될 수 있는가 없는가의 논의는 유보하더라도, 심의 규정 34조가 뜻하는 극도의 잔혹성과는 거리가 먼 사례이다. 다만 어린이와 청소년의 모방성에 대한 신중하지 못함을 지적하고자 한다면 그것은 45조 모방성이나, 46조 어린이 수용 수준 등 다른 조항이 적용되었어야 하리라고 본다.

셋째, 서술상의 요령부득이 개선되어야 할 것이다. 위와 같이 장르에 대한 깊이 있는 이해와 논리적인 서술 능력이 전제되어야 하는 경우가 아닌, 단순한 지적이 이루어져야 하는 경우에는 장황한 서술이 불필요하다고 본다. 가령 프로그램의 등장 인물들 사이의 관계와 그 프로그램의 기본적인 성격 및 전개의 방향이 장황하게 소개되고 난 뒤 정작 지적되는 사항은 '상호 노출' 등의 간접 광고에 대한 경우가 허다하다. 그것은 읽는 이에게 일종의 난센스한 과정으로 받아들여져 불신감이나 부작용을 낳을 수 있다.

4) 심의에 대한 프로듀서들의 인식

프로듀서들의 인식을 첫째, 코미디에 대한 인식, 둘째, 폭력성에 대한 인식, 셋째, 심의에 대한 인식으로 초점을 구분하였다. 하지만 이

세 영역은 서로 구분된 것이 아니고 유기적으로 연관된 것이어서 이런 구분은 선명한 전달을 위해 편의적으로 이루어진 것이다.[3]

(1) 코미디에 대한 인식

코미디에 대한 프로듀서들의 인식은 일단 구체적인 제작 차원에 중점을 두고 있다. 그 기본 정신이나 사회적 발언의 또 다른 형태로서의 코미디를 제작한다는 원론적인 차원은 충족시킬 만한 여유를 보이지 못한다. 그래서 코미디의 정신보다는 단편적인 개그의 내삽에 치중하고 있다.

> TV 프로그램에 한정된 얘긴데, 전체 스토리나 주제를 가지고 코미디화 하는 건 굉장히 힘들어요. 단편 단편 웃겨가면서 전체로 봤을 땐 권선징악이라든지 포장을 해 놓고 중간 중간 웃겨야 우리 같은 제작자는 쉽게 만들기 때문에 대다수 코미디가 그럴 거예요.

그런데 이 진술문에는 중요한 전제가 깔려 있다. 즉, '텔레비전 프로그램'이라는 점 때문에 이런 식으로 코미디의 기본 정신보다 단편적인 개그에 치중할 수밖에 없다는 것이다. 그렇다면 텔레비전 코미디는 어째서 그러한 단편적인 요소들에 치중할 수밖에 없다는 것인가? 기본적으로 텔레비전 코미디 프로듀서들은 표현상의 제약에 대한 강한 피해 의식을 가지고 있다고 말한다.

> 블랙 코미디는 안 되니까. 잘못하면 큰일나죠.

---

3. 인터뷰는 필자가 1996년 3개 방송사 5명의 코미디 담당 PD들과 한 것이다. 다시 한 번 이 자리를 빌어 감사의 뜻을 전한다.

드라마 같으면 쉽게 넘어가는 것을, 그러한 피해 의식이 있으니까 그러한 건 안 해요.

그리고 표현의 자유를 억압하는 소재 제한에서 그 피해 의식의 가장 큰 원인을 찾고 있다.

항간에서 웃기는 얘기여도 방송에선 근처도 못 가는 것도 있고, 정치적 소재 절대 못 건드리고, 약간 성인 취향의 농담 한 마디도 못하고, 종교적인 것 근처도 못 가지.

정치 안 돼, 남녀 안 돼, 계층 안 돼, 결국 소재는 사회 문제뿐이다.

현대의 정치 체제도 장애라 할 수 있어요. 코미디 소재에 제약으로 이어져 울타리 안에서 놀고 있는 소재 영역도 문제가 된다고 봐요. 정치 사회 이슈에 대해 풍자 비판 코미디를 못 한다는 게 문제예요. 그것 빼고도 소재가 얼마나 많으냐 하는데, 군인, 단체 등 다 따지다 보면 소재가 적어지죠. 벽에 많이 부딪히다 보면 자포자기, 의기소침해질 때도 있어요.

이처럼 프로듀서들은 소재 제한으로 대표되는 표현의 자유를 억압하는 상황 때문에 결과적으로 코미디다운 코미디를 만들지 못한다. 결국 코미디는 단편적이고 표피적인 차원에 몰입하게 되고, 코미디 장르의 성격이 코믹 버라이어티로 변질되었다.

사실 코미디의 생명이 공감대잖아요. 공감대 없는 웃음이 어딨어요? 그러한 여러 가지 조건 때문에 국민이 폭 넓게 공감할 수 있는 주제는 다 걸러내고 지엽적인 거 가지고 네가 요만큼 더 웃겼니 내가 더 웃겼니. 애들이 장난감 갖고 싸우듯이…….

흔히 얘기하는 저질 시비 벗으려면 시사 쪽밖에 없지만 정치적으로 개방 안 되고 있고, 코미디 보는 시각이 경시되고 있으니까 조금만 영향이 있는 개인이나 단체는 자기를 소재로 하는 걸 거부하지요, 그러한 걸 피해 가고 작가, 연기자의 수준이 아직 미흡하니까 결국 인기 연예인이 나와 말 안 되는 소리로 계속 웃기니까…… 코미디와 버라이어티 쇼를 묶어 버린 게 됐죠. 소재의 자유가 없으니까 자연적으로 나온 결과예요.

그리고 코미디 연출자로서 작가 정신을 갖기보다는 흥행물 제작자로서의 자괴감 섞인 자의식을 갖고 있다.

그냥 시청자들이 그 시간에 보고 즐거우면 되는 거지 내가 코미디를 해서 뭐 이런 건(뭔가 대단한 일을 하겠다는 뜻; 부연 설명은 인용자) 없어요. 한 시간 동안 사람들이 보고 즐겼다, 보고 나서 즐거운 시간이 됐다 하면…….

다음과 같은 진술들은 코미디 프로듀서들의 이런 불만이 제대로 된 코미디를 만들고 있지 않은 데 대한 변명이 아니라 그들 스스로가 추구하고자 하는 바의 좌절로 해석하게 한다.

프로듀서 가운데 경험과 연출 능력이 적어 간과하고 놓쳐 버리는 게 많아요. 연출 과정에서 웃음의 포인트를 찾으면 좋은 코미디가 될 텐데 그걸 찾지 못하고 밍밍한 코너가 될 수 있는 것도 있어요.

프로듀서의 양식이고 전문성이고 노하우죠. 기본적으로 코미디여야 한다는 거죠. 코미디화하지 않으면 안 되죠……. 코미디로 승화시키는 안목도 높이고 연기자의 연기도 뒷받침 돼야 해요. 연기가 안 되면 폭력적으로 보이죠. 구봉서 씨가 뒤통수 때리는 것보다 젊은애들이 하면 더 그렇죠.

(2) 폭력에 대한 인식

물론 폭력 묘사의 한계를 설정하고 있다. 폭력을 긍정적인 것으로 인식하게 한다거나, 미숙하거나 안이한 연출에서 비롯된 때리기 연기, 또 그저 대중들의 말초적 쾌감을 유발하기 위한 폭력 장면 등에 대해서는 부정적으로 인식하고 있다.

폭력배를 다루면 안 되는 건 없는 것 같아요…… 그런데 그걸 재미있게 함으로써 그걸 더 긍정적인 모습으로 하면 역기능이 있기 때문에 그걸 보완해야 할 것 같아요.

그러한 게 아니고 내용에 관계없이 때리고 그러는 건 연출의 미숙함이라든가 그러한 게 몸에 밴 연기자들을 제어 못한 연출의 잘못도 있고, 또 연기자들이 내가 이런 연기하면 안 되겠구나 고쳐야겠구나 같은, 스스로 게을렀고…….

폭력성이 추가되는 것은 장려할 건 아니고 현대인들이 파괴, 폭력성에 대해 쾌감을 느끼는 것에 맞추다 보면 그렇게 흘러가는 게 아닐지…… 깨부순다든지 폭발한다든지 쓸어 버려 같은 데서 쾌감을 느끼는 사람에게 만족감을 주려고 하는 것 같은데, 바람직하진 않아요.

하지만 코미디 프로그램에 나타나는 폭력적인 장면들에 대한 코미디 프로듀서들의 인식은 비교적 관대한 편이다. 그런데 그들의 진술을 살펴보면 이런 관대함은 상대적인 것임을 알 수 있다. 그들은 첫째, 코미디 장르의 특성과 관련하여 코미디 프로그램에서 인정될 수 있는 폭력 장면을 규정한다.

허용될 수 있는 과장이 아닌가. 그러한 걸 약화시키면 전반적으로 재미없어지는데…….

역시 코미디는 맞고 때리고 넘어져야 재미있는데 그게 타당성이 없으면…… 코미디로서 보편적 공감대나 타당성이 있으면 코미디로 봐 줘야 하지 않을까…….

때리는 것 시작은 구봉서 씨죠. 그것도 연기로 봐야 해요. 그 때리는 것도 언제 때리면 웃고 언제 때리면 안 웃어요. 타이밍을 잘 잡아야 하는데 기준을 잘 잡아야죠. 너무 지나친 것도 있어요. 필요 없는 건 연기가 아니죠.

아이디어가 녹아 들어가지 않는 건 배제돼야 하지만 애교 있게 코미디 연기로서의 장면이라면 반대하지 않아요. 필요하면 때리죠.

그리고 그 때리는 연기가 내용상의 타당성을 갖고 있는 점은 참작이 되어야 한다고 주장한다.

때리는 이유가 타당성이 일부 있다고 생각해요. 아버지한테 대든다든지…….

그런데 코미디의 표현상의 특징이 과장이기 때문에 코미디에서의 폭력이 유독 지적 대상이 된다고 스스로 추론을 내리기도 한다.

때리려면 빵 때려야죠. 확실히 때려야 우습죠.

연기 측면에서 이 쪽은 오버 액션 하기 때문에…… 이 쪽은 연기나 소재가 어떻게 보면 드라마보다 리얼리티가 떨어지는 상황, 과장된 상황이고 연기자들도 때려도 툭 치는 게 아니고 웃기는 측면에서 하기 때문에 눈에는 아마 그 쪽보다 이 쪽이 띄지 않을까 생각합니다.

그리고 둘째, 다른 장르들의 표현 수위와 비교할 때 코미디의 폭력성이 상대적으로 미약한 것임을 주장한다.

지금 얼마나 폭력적인데 코미디에 나오는 그 정도는 폭력도 아니에요. 정말 애교지…… 하지만 코미디가 바보 한다고 애들이 바보 되나요. 폭력 일으킨 것 없어요. 애매하게 욕만 먹는 경우가 많아요. 죄는 지은 게 없는데, 왜냐하면 힘이 없어서 문화적으로 경시 당하는 거죠.

일상적 드라마에서 툭툭 손이 가는 건 폭력이라 볼 수 있지만, 개그적 요소, 전통적 슬랩스틱 코미디들은 건드리지 않으면 재미가 없어요…… 아주 계산된 박자거든요. 때리고 한 호흡 쉬었다 또 때리고…….

더욱이 코미디는 드라마보다 몰입도가 약하기 때문에 그리고 기본적으로 코미디에서 폭력 장면은 적절한 변형을 통해 구사되고 있기 때문에 시청자들에게 주는 느낌도 완화되리라고 생각한다.

도둑신에서는 작가가 재크 나이프로 써 왔는데, 안 된다고 했어요. 몽둥이로 위협하는 걸로 하자.

코미디라는 기대 때문에 드라마에선 비수라고 느껴도 코미디에서 칼 들었다 치면, 실제로 들지 말라 해서 못 들고 숟가락을 들고 하는데, 저걸로 무슨 바보짓을 할까 하는 느낌으로 보는 거지 저걸로 사람을 찌르지 않을까 하는 건 없을 것 같다. 코미디에선 느낌이 약해지지 않을까 한다.

(3) 심의에 대한 인식

코미디 프로듀서들이 심의에 대해 갖고 있는 입장은 극도로 부정적이다. 물론 이런 태도에는 심의 기관과 제작자 사이의 특수한 관계에서 비롯된 측면이 작용했겠지만, 좀더 실효성 있고 설득력 있는 심의를 위해서 그 의견들을 경청할 필요가 있는 것 같다.

① 코미디에 대한 전문적 이해 요구
코미디 프로듀서들은 심의위원들에 대해 아주 부정적인 태도를 갖고 있다. 그러한 태도는 다음과 같은 감정적인 표현을 낳을 정도다. 하지만 그러한 부정적인 태도는 심의위원들에 대한 불신을 배경으로 한다. 그리고 그 불신은 그들이 코미디에 대한 애정도 없고 또, 전문성도 갖고 있지 못하다는 데에서 비롯된다.

심의위원들은 코미디를 싫어하는 사람들이다.

무슨 얘기를 해도 웃지 않는 사람들, 그런 사람들과 얘기하면 답답하죠.

방송에서 코미디를 왜 하는지 모르겠다는 심의위원의 발언은 코미디 장르에 대한 이해가 전무한 상태에서나 나올 수 있는 말이다.

저 사람들은 정말 절벽이다. 연예·오락·드라마 분야는 웃음이 뭔지, 유머가 뭔지…… 심의위원을 다른 사람으로 구성해서 심의해야 하지 않을까 해요.

심의위원 자체가 연세도 많고 너무 보수성이 강한 분들로 구성 돼요. 그쪽 계통으로만 의식이 편향된 분들로만 구성된 것 같고…….

이처럼 프로듀서들은 심의위원들이 코미디에 대한 애정도, 전문성도 없다고 생각한다. 또, 그들을 보수적 관점을 갖고 있는 특수한 집단으로 보고, 그 대표성을 인정하지 않는다.

코미디의 생명은 공감대인데, 그 사람들은 이성적 이해만 되지 심정적 이해는 안 되는 거예요…… 격차가 심한 거예요. 썰렁 시리즈 같은 건 아저씨 아줌마한테 백날 얘기해 봤자, 그건 탁 보고 웃기면 웃긴 거지 설명해 봤자거든요. 프로듀서들은 공감대를…… 가장 폭넓다 싶은 데다 맞추기 때문에 공감대를 공유하지 못하는 부류들이 내리는 제재나 비판에 속수무책이에요.

부러워하고 시샘하는 것 같아요. 젊은이들이 자유롭게 즐겁게 낭만적으로 대학 생활하는 것을 못 하게 하는 것 같아요.

이런 부정적 인식이 야기하는 부정적 효과는 자못 심각하다. 프로듀서들은 심의 사항에 대해 진심에서 승복하기보다는 오히려 그에 대한 반발심을 나타낸다.

이런 것도 방송위원회 권위 문제와 연관이 되거든요…… 사과 방송, 경고 받는 것에 대해 반성이 아니라 답답하다는 생각이 팽배해 있고…….

② 코미디 경시

코미디 심의와 관련하여 프로듀서들이 느끼는 위와 같은 문제들은 그 범위를 넓혀 보면 사회 전반적인 코미디 경시 풍조에 맞닿아 있는 것으로 보기도 한다.

코미디 프로를 굉장히 경시하는 그러니까 은연중에 무시하는 듯한 발언들을 많이 해요……. 예를 들어 '어떻게 코미디 프로에서 어린이를……'하는 식의 얘기를 해요.

코미디를…… 저 쪽에서 우습게 보는 것도 있어요. 그래서 중징계를 쉽게 내리는 것 같기도 하고…….

코미디에 대해 고민한다는 자체가 그들은 시간 낭비라고 생각할 거예요.

아직까지 한국에서는 코미디가 저급 문화 취급을 당하는 것 같아요. 백일섭이 <아들과 딸>에서 술 취한 상태로 시골길에 오줌 누는 것도 연출을 리얼하게 잘 하고 연기자도 연기를 화끈하게 하는구나 생각하는데, 코미디를 볼 때는 그보다 저급 취급을 해서 '웃기려고 별 짓을 다 하는구나' 우리는 전혀 그렇게 의도 안 해도 보는 이들은 코미디에서 뭐 저렇게까지 하나 즉, 의도 자체를 불순하게 보려는 시각이…….

시청률을 올리려고 또 웃기려고 오버 액션 하는구나 식으로 이 쪽을 보는 시각이 정상적인 게 아닌 것 같아요.

일반적으로 사람들이 코미디 자체에 대한 선입견, 편견도 크게 작용한다고 봐요…… 전반적 국민들의 코미디에 대한 선입견, 편견도 장애가 되고 있어요.

③ 기준의 모호성과 유동성

기본적으로 심의 기준이 모호하다는 지적을 한다.

> 심의 규정이 너무 모호하니까…… 폭력적인 건 어디서 어디까지고 선정적인 건 어떻다 세부 사항은 하나도 없다고요.

> (리얼리티 프로그램)의 패러디로서 거기에서 더 심하게 나왔던 사례를 완화시켜 표현했는데도 코미디에서는 안 된다면 그 객관적 기준이 무엇인지 알 수 없다.

그래서 시류에 따라 심의 기준이 유동적으로 적용되기도 하고, 정반대로 예전부터 해 오던 관성에 따라 경직된 적용이 이루어지기도 한다고 본다.

> 그때 그때 사회 상황 봐서 희생양이 되기도 하고, 평소엔 그런 장면이 안 걸리다가 어쩌다 한 번 사회적 분위기가 그 쪽으로, 요즘 성범죄가 늘어났다 하면 그 때부터 요만큼도 선정적 장면 있으면 개 잡듯이 잡으니까. 조용해지면 또 없어지고, 그러니까 기준 자체가 모호한 거죠.

> 옛날 10~20년 전 선배 심의위원 심의해 왔기 때문에 이건 무조건 안 된다고 선입견 혹은 편견 때문에 자세히 검토해 보면 아무 문제되지 않을 것들이 그냥 옛날부터 내려오는 풍속 때문에 이건 안 된다는 것들이 있더라고요.

> 얘기해 보니까 제작 측을 이해하는 것 같더라고요. 하지만 경고 5회면 무조건 사과 방송해야 되는 거더라고요. 봐 주고 하는 것 없이……

④ 심의 방식의 문제: 탈맥락

심의 방식과 관련해서 프로듀서들은 전체 프로그램의 진행과 전후 맥락을 거두절미하고 부분적인 장면들만 모아 놓고 그에 대해 평가를 내리는 방식의 불합리성을 지적한다. 그래서 다음의 프로듀서는 자신이 만든 프로그램임에도 불구하고 문제된 장면들만 연속해서 보여 주는 탓에 부정적인 심의가 이루어질 수밖에 없다는 심정을 다음과 같이 분개하여 표현한다.

내가 봐도 프로듀서 때려죽이고 싶더라고. 그 동안에 문제되던 폭력적 그런 것만 붙여 놓은 거야. 내가 만든 건데 앞 뒤 다 떼고 그것만 붙여 놓으니까, 기승전결 없이 그런 것만 붙여 놓고…….

비디오를 틀면 거두절미하고 그 부분만 나와요. 그렇게 떼어 놓으면 여러 약재 중에 독이 되는 것도 소량 섞으면 약이 되는 것도 있는데, 그것만 놓고 독이라고 하면, 전체 얘기 속에 용해 돼서 전혀 독이라고 볼 수 없는데 끄집어 내서 독이다 하면 변명할 여지는 없죠. 전체를 봐야 하는데 그게 먹히질 않죠.

어떤 건 문맥상의 뜻이라든가 대중적 감정으로 봐서는 나쁜 것이 아닌데…… 단어 하나만 똑 떼어 놓고 지적하는 건 시민을 위한 심의가 아니다 싶을 때도 있죠.

⑤ 장르 간 형평성
코미디 프로듀서들의 불만은 또한 심의의 무원칙함이 장르간 차별적인 기준 적용에서도 드러난다는 데 있다. 드라마, 교양, 리얼리티 프로그램, 만화 등에서 허용되는 것들이 코미디이기 때문에 불허되는데 대해 의문과 불만을 제기한다.

드라마에서 때리면 리얼리티 측면이 되는 거고, 애들이 나오면 드라마니까 되는 거고, 욕하는 거니까 드라마니까 되고, 코미디 쇼 등은 무슨 짓만 하면 비속어고, 조금 이상한 얘기하면 선정이고 유치한 거고 그런 거는 전반적으로 깔려 있고…….

억울했던 것이 있다…… 남자가 여장을 하고 연기하는 거다…… 선정적이라고 지적할 때 드라마는 되는데 쇼 오락은 안 된다. 드라마나 쇼나 다 같은 방송으로 봐 주었으면 한다.

코미디 프로 아닌 드라마에서, 교양 정보 프로에서는 어린이를 출연시켜도 되고 코미디에서는 왜 그런가…….

리얼리티 프로그램의 패러디로서 거기에서 더 심하게 나왔던 사례를 완화시켜 표현했는데도 코미디에서는 안 된다면 그 객관적 기준이 무엇인지 알 수 없다

만화는 만화로 봐주면서 코미디는 코미디로 안 봐주고, 현실에 대입하려고 해요. 홈 코미디라면 상식을 벗어나야 웃는 것 아닌가요?

⑥ 위압적 분위기

방송위원회의 심의 절차에는 처벌 결정을 내리기에 앞서 그 대상자에게 의견 진술 기회를 주도록 되어 있다. 그런데 프로듀서들이 가장 심각하게 여기는 것이 바로 이 의견 진술 자리의 분위기이다. 방송위원회의 진술 방식이 위압적인 분위기에서 이루어짐으로써 연출자에게 충분한 자기 진술 기회가 되지 못하기 때문이다.

그들은 일단 잘못된 것으로 결정해 놓은 상태에서 이야기를 시작했다. 코미디는 어떠해야 한다는 식의 논의부터 시작하는 것이 아니라 이미 결론을 내려 놓은 상태에서 얘기를 들어 보자는 식이었다

파렴치한 범인 취급하듯이 앉혀 놓고 조져 대고 그래요. 무슨 인민 재판하는 것 같아요.

그 위압적인 분위기는 프로듀서에게 인간적인 모멸감마저 느끼게 한다는 불만까지 등장한다.

177

기준도 모호하지, 가서 보면 대하는 태도도 모멸감을 느끼게 하지, 의견 진술을 하라고 해서 연출 의도를 얘기하려면 '짧게 해요. 짧게' 이런 식이니까, '당신 방송법 몇 조 몇 항 알아요? 이것도 모르면서 무슨' 이런 식이니까, 한 사람 놓고 여덟 명이 막 그러니까…….

하지만 그러한 위압적인 분위기에 대해 극도의 불만이 있다 해도, 현실적인 권력 관계와 명문화된 규정 때문에 반발할 수 없다고 한다.

위원회에 진술하러 가서는 이런 말도 못했죠. 아주 파렴치한 취급을 해서. 말은 의견 진술인데 가서 의견 말하는 놈은 무조건 연출 정지 때리니까. 가서 변명을 하면 사과 방송, 연출 정지니까.

그들은 몇 조 몇 항, 법을 들고 나오니까 약자 입장에서 최종적으로 안 되더라고요. 파워 게임에서 안 돼요.

⑦ 자각의 계기

그렇다고 해서 프로듀서들이 심의에 대해 비판만 늘어 놓은 것은 아니다. 미처 고려하지 못한 잘못이나, 부주의로 인해 간과된 실수 등을 지적해 주는 점은 긍정적으로 평가했다. 특히 공중파 방송의 특성상 심의의 기본적인 필요성을 인식하고 있다.

폭력배를 긍정적으로 묘사한다는 건, 그런 건 받아들일 만해요.

그런 부분적인 문제 된 건 받아들일 만하지만 그것 때문에 저희도 사실 많은 생각을 하게 돼 가지고 프로그램 기획에 도움은 됐다고 생각하지만…….
연출자들이 주의 없이 간과했던 걸 지적해 주는 건 있는 반면에…….

프로듀서가 간과…… 여과하지 못하고 방송할 때 사실상 적절히 통제돼야 한다고 봐요, 방송은…….

⑧ 심의에 바라는 것

프로듀서들은 가장 기본적으로 심의의 입장이 코미디 육성 차원에서 지적이 이루어지기를 바라고 있다. 이 지적은 상당히 시사하는 바가 크다. 코미디의 악영향에서 사회 구성원들을 보호하려는 관점이 아니라, 제대로 된 코미디를 육성시키자는 관점에 설 때 분명 심의의 기본 방향은 달라질 것이기 때문이다.

심의위원들이 코미디를 사랑하느냐 아니냐, 코미디가 우리 나라에 필요한가 아닌가, 기본적으로 생각은 가져야 해요. 필요하다고 생각하면 육성 차원에서 지적을 해 주고……

바라건대, 제작진의 노력의 이면을 이해한 위에 그 이후의 모습들을 평가하고 처벌했으면 좋겠다.

5) 제작과 심의의 접점: 그로테스크 효과

(1) 코미디 프로그램의 현단계

코미디는 일상 현실의 비틀기이다. 하지만 일상적인 현실을 코미디에 수용할 수 없는 풍토가 존재한다. 무엇보다도 소재 제한이 극도로 이루어지고 있다. 그 결과 코미디에서는 일상적이지 않은 비현실적인 상황을 설정하고 그것을 비튼다. 코미디의 본질적인 정신에서는 유리된 채 표현 양식들만을 표피적인 수준에서 고집하게 된다. 결국 시청자들의 공감을 얻기 힘들고, 오버 액션이 나오고, 불필요한 구타가 나온다. 즉, 코미디의 성취와 무관한 익지 않은 표현은 연기가 아닌 폭력으로 비쳐진다.

다시 강조하지만 코미디는 일상에서 출발한다. 그런데 한국 코미디의 현실은 일상에 접근하는 것이 자유롭지 못하다. 이런 상황에서 일상의 비일상적인 사례를 '단순 재연'하는 초보적인 수준에 머무는 코미디 프로그램이 차라리 바람직하다고 여겨진다. 극화 코미디가 상대적인 인기를 끄는 이유도 같은 맥락에서 볼 수 있다. 대다수 코미디가 코미디로서 수준을 성취하고 있지 못한 상태에서, 초기 형태일망정 이야기체에 기반하고 있고 거기에서 위반을 주조로 삼는 극화 코미디가 '유사 코미디'에 대한 상대적인 우위를 일시적으로 보이고 있는 것이다. 담당 프로듀서들이 생각하듯이 "한국 사람들이 드라마를 절대적으로 좋아하기 때문"일 수도 있다. 하지만 그것은 코미디 제작자로서 말하기 힘든 것이어야 한다. 그러한 측면이 일부 작용했겠지만, 기본적으로는 코미디 자체의 미성숙에 기인하여 일시적으로 나타난 상대적 인기 현상으로 봐야 한다.

이렇게 코미디 프로그램의 현 단계는 코미디의 본질에서 비켜나 있는 상황이다. 코미디 프로그램에서 표현의 문제(폭력성, 선정성 등)가 제기되는 배경이 근본적으로 여기에 있다고 할 수 있다.

(2) 코미디와 폭력의 맥락

코미디에서 폭력적 내용이나 상황이 묘사되는 경우, 거기에 대해서 기계적인 평가가 아닌 코미디 장르의 특성을 고려한 평가가 이루어져야 한다. 이 때 앞에서 제기했듯이 폭력의 상수적 영역과 변수적 영역이 구분될 필요가 있다.

상수적 영역은 장르나 맥락을 불문하고 폭력적인 것으로 지적되어야 하는 경우를 일컫는다. 흉기의 실물 등장, 흉기의 능란한 사용, 참혹한 피해의 사실적 묘사, 실물 파괴, 욕설 등이 여기에 해당할 것이다.

변수적 영역은 코미디 장르의 특성을 고려해야 하는 폭력성을 말한다. 그러므로 다른 장르나 맥락에서 폭력적으로 평가되는 것도 그것이 코미디 장르에서 구사되는 경우, 또는 유머 맥락을 취하고 있는 경우에 마찬가지 평가를 받아서는 안 된다. 하지만 코미디 장르와 맥락이라고 해도, 그 폭력적인 사항이 정작 코미디 장르의 성격에 맞게 변형되지 않았다면 그것은 폭력성으로 지적되어야 한다.

예를 들어 <코미디 세상 만사>(KBS2, 1995~7)에서 여자에게 떠밀린 남자가 벽을 뚫고 나가는 설정의 경우, 그 벽이 스티로폼으로 만들어진 것임이 의도적으로 노출된다. 만화에서 흔히 사용되는 양식의 패러디인 셈인데, 그 경우는 벽을 뚫고 나가떨어진다는 상황 설정이 매우 과장된 것임에도 불구하고 고통이나 파괴와 무관한 적절한 현실 비틀기라고 볼 수 있다. 그러므로 피상적으로는 파괴적임에도 불구하고 폭력적인 것으로 지적되어선 안 된다. 하지만 반면에 <오늘은 좋은 날>(MBC, 1992~1994)의 "세상의 모든 딸들"에서 보여준 실물 오디오의 파괴는 동기가 코미디적인 것임에도 불구하고 행위 자체는 코미디 범주에 편입되지 못한 생경함을 드러내고 있기 때문에 폭력적이라고 할 수 있다.

폭력 묘사의 상수적 영역과 변수적 영역이 물질적인 경우에 가능한 구분이라면, 정신적 폭력이 세 번째 국면으로서 논의될 수 있다. 앞서 농담의 삼각 구조에서 언급된 바대로 상대에 대한 조롱은 인간에 대한 예절과 품위를 손상시킨 것으로만 볼 수는 없다. 코미디에서는 그것이 권위와 고정 관념에 대한 공격과 풍자로 이해되어야 한다. 하지만 그 조롱이 약자를 지향할 경우, 그것은 코미디의 핵심적인 가치로서의 공격성이 아니라 정신적 폭력으로 지적되어야 한다.

예를 들어, 1995년 <TV 파크>(MBC) 크리스마스 특집에서 7세 이하 아동들을 낯선 공간에 배치시켜 공포감을 유발시키는 모습을 몰래 카메라 형태로 보여 주었는데, 아동들의 용기를 길러 준다는 명분에도 불구하고 공격 대상을 약자로 설정한 방향 착오로 정신적 폭력을 낳고 말았다.

코미디의 폭력성을 판별하는 네 번째 국면으로서 상징 폭력을 들 수 있다. 상징 폭력은 폭언이나 험담과 같은 표피적인 차원의 행동을 이르는 것이 아니다. 계급이나 성별, 지역적 차이 등에 따른 인간의 차별이 전제된 언어 행위, 혹은 조롱 당하는 자가 부재하거나 다른 것으로 대신될 경우 행해지는 언어적 공격, 그리고 그것이 권력을 소유한 자의 입장에 서서 구사될 때, 그것을 상징 폭력이라고 할 수 있다.

결국 평가의 핵심은 코미디적 현실 비틀기가 이루어졌느냐 아니면 현실이 생경하게 노출되었느냐 여부에 있음이 다시 강조되어야 한다.

(3) 그로테스크 효과

코미디에서 폭력 묘사, 혹은 유머 맥락에서 폭력의 변형을 얘기할 때 일반적으로 폭력성의 감소, 충격 완화 등의 입장이 우세하지만, 몇몇 실험 연구 결과들이 보여 주듯이 어떤 경우에는 폭력성이 유머 맥락에 실려서 더 강화되는 수도 있다. 흔치 않은 경우라 할지라도 코미디의 폭력성 주제에서 가장 관심을 기울여야 하는 지점이 바로 여기이다.

그 실험 연구들의 해석은 수용자 요인(미리 화가 나 있었다), 텍스트 요인(묘사의 강도가 강했다)에서 그 원인을 찾지만, 여기에서는 시론 격으로 하나의 개념을 제시할까 한다. 가설로는 폭력과 유머의 결합은 그로테스크 효과 *The Grotesque Effect* 로 인해서 폭력성 강화를 초래

할 수 있다는 것을 들 수 있다.

그로테스크는 비교적 최근에 정립된 문학 용어로서 그 기본 뜻은 '상충된 것의 결합'이다. 즉, "우스꽝스러운 것과 우스꽝스러움과는 상반되는 그 무엇이 함께 있는 상태" 또는 "한 쪽에서는 웃음, 다른 한 쪽에서는 공포와 혐오감이라는 근본적으로 상충되는 반응의 충돌"을 뜻한다. 이런 그로테스크 개념을 염두에 두면, "희극적 요소가 오히려 전체의 효과를 한결 충격적으로 만들고, 한결 역겹게 느껴지도록" 할 수 있다는 생각이 가능하다(Thomson, 1972 / 1986: 3~14). 수용자가 어떤 특수한 상태에 있다거나, 표현의 수위가 높다거나 하는 부차적인 요인의 작용 이전에, 희극적 요소 자체가 폭력성을 더 강조할 수 있다고 보는 것이다.

가령 영화의 경우, 인상을 찌푸리고 총을 쏘는 할리우드 서부극에 비해 무표정한 주인공을 내세우는 마카로니 웨스턴이 한층 강렬한 감응을 불러일으킨다거나(그러한 경향은 필름 느와르에서 반복된다), 올리버 스톤 감독의 영화 <올리버 스톤의 킬러 *Natural Born Killer*>나 스탠리 큐브릭 감독의 영화 <시계 태엽 장치 오렌지 *A Clockwork Orange*>의 한 장면인 <사랑은 비를 타고 *Singin' in the Rain*>을 부르며 흥겹게 강도, 강간, 살인을 저지르는 청소년의 모습이 더 충격적으로 여겨지는 데에서 그 예를 찾을 수 있다.

코미디의 경우 폭력적인 표현이 더 충격적으로 받아들여질 수 있는 배경에도 역시 그러한 그로테스크 효과가 작용한다고 가정할 수 있다. 지금까지의 관습에서 코미디와 폭력은 서로 상충되는 요소이다. 그런데 그러한 부적합한 관계에 있는 양자가 함께 결합됨으로써 서로 전통적인 관습을 침범함으로 말미암아 그 성격이 더욱 강하게 느껴질 수 있다. 가령 다음과 같은 어느 코미디 프로듀서의 추론은 이 맥락에서 참고할 만하다.

그러니까 코미디에서 못 보던 그런 것들이 나오면 좀, 예를 들어 드라마에선 키스신도 하는데 코미디에선 아무리 웃음을 위해서지만 해 본 적 없다. 만약 하면 드라마와 또 다른 충격을 느낄 거라고요. 못 봤으니까. 이 계통에서는 상대적으로 코미디 분야에 폭력 등을 금기 사항 비슷하게 안 했기 때문에 하게 되면 충격이 크겠죠, 느껴지는 게……

이 진술은 물론 코미디와 폭력의 상충된 성격이라는 본질적인 차원의 인식에 기반한 것은 아니고, 코미디에서 폭력적인 내용이나 연기가 생소하다는 데 초점을 맞추고 있지만 어쨌거나 코미디에서 폭력이 더 큰 충격을 줄 수도 있다는 프로듀서의 인식을 나타내 준다.

그런데 그로테스크 효과는 어떤 텍스트가 코미디 지향적일 경우에 해당하기보다는 폭력성을 지향할 때 작동한다는 것이 핵심이다. 사실 위 진술에서는 코미디에서 폭력이 생소하다고 했지만, 코미디 영화의 발생을 떠올리면 오히려 사정은 그 반대이다. 코미디 영화의 초기 유형은 과장된 행동과 신체 접촉을 위주로 하는 슬랩스틱이었고, 그러한 전통은 텔레비전 코미디에도 계속 이어져 오고 있다. 코미디의 경우 폭력적인 연기는 적절하게 왜곡·변형되기 때문에 그것이 발휘하는 효과는 오히려 폭력성의 완화 쪽으로 보아야 한다.

그로테스크 효과는 폭력 행위 즉, 살인, 강도, 강간 장면들이 분노, 긴장, 공포 등의 감정 표현을 수반하는 것이 아니라 무덤덤한 표정, 흥미로운 익살을 동반할 때 나타난다. 그러므로 이 때 주主가 되는 것은 폭력 행위이고 여기에 희극의 표현 양식들이 부가附加되는 것일 따름이다. 그 장르는 코미디가 아니고 폭력물인 것이다.

이런 그로테스크 효과 개념을 도입하면 코미디를 심의하는 관점뿐만 아니라 제작하는 입장에서도 폭력의 사용에 유익한 관점을 제공받는다. 코미디의 본질이 현실의 비틀기라는 점을 더 강조하게 되기 때문이다. 폭력의 생경한 노출이 이루어질 경우 그 프로그램은 코미디의 지위를 잃게 된다.

　마찬가지 맥락에서 선정성도 논의가 가능하다. 코미디에서 여성의 속옷을 소품으로 사용한다거나, 남녀의 성 역할 교체를 통해 신체 부위를 만지는 등의 행위는 그 프로그램을 저질 코미디로 만들기 때문에 문제가 아니라, 코미디의 성취와 무관한 선정물이 된다는 점에서 문제로 지적될 수 있다. 드라마에서 속옷 노출은 의도적이지 않을 수 있기 때문에 변명의 여지를 갖지만, 코미디의 경우 그것은 의도적으로 사용한 소품이 되기 때문에 변명이 어렵다.

　즉, 그로테스크 효과 개념을 통해 코미디와 폭력물이 기본적으로 다른 것임을 인식할 수 있고, 그 결과로서 코미디 제작상의 폭력의 생경한 노출과 같은 잘못이나, 심의상의 부차적인 요소에 대한 기계적인 집착과 같은 잘못을 모두 경계할 수 있을 것으로 본다.

(4) 제작과 심의의 초점

코미디 장르에 대한 코미디적 관점에서 심의와 평가는 제대로 된 코미디를 추구하는 추동력이 되어 코미디의 개선과 발전에 기여할 수 있다. 하지만 반대로 코미디 장르의 특성과 무관한 기준에 입각하여 이루어지는, 또 단편적인 장면과 표현 방식을 문제 삼는 심의와 평가는 코미디 제작자들로 하여금 표피적인 차원에 몰입하게 하고 그에 따라 코미디의 퇴보를 낳는 악순환이 만들어질 수 있다. 이에 몇 가지 제언들을 결론 삼아 제시하자면 이렇다.

　첫째, 코미디 장르의 기본 정신에 대한 이해가 필요하다. 코미디는 그 역사적 전개 및 현대의 대중 매체를 통한 코미디 장르의 전개 과정을 통해서 볼 때 언제나 위반과 공격성을 기본 정신으로 삼아왔음을 이해해야 한다. 단, 약자를 공격의 대상으로 하는 것은 코미디의 기본 정신에 어긋나는 것으로서 즐거움을 줄 수 없다. 농담의 삼각 구조와 코미디가 약자의 담론임을 인정한다면 그러한 잘못은 저지르지 않을 것으로 본다.

둘째, 코미디의 표현 양식에 대한 이해가 필요하다. 슬랩스틱, 패러디, 개그, 농담 등은 모두 현실의 비틀기를 행한다. 그 과정에서 그리고 그 결과로서 과장과 단순화, 모방과 소란스러움 등이 나타난다. 코미디를 평가할 때 중요한 것은 그러한 피상적인 결과가 아니고 거기에 이르는 동기와 과정이다. 과정이 코미디적 승화가 이루어지지 못했을 때 그 지적은 타당할 것이다. 또한 코미디는 현실에서 출발하여 그에 대한 비틀기의 결과로서 비현실적 상황에 이르는 것이지, 비현실에서 출발하여 그것을 다시 비틀고자 할 때 무리한 표현을 사용하게 된다는 것은 제작자가 주의할 사항이다.

셋째, 코미디에서 구사되는 폭력 표현들에 대한 구분이 필요하다. 실물 흉기의 노출, 그것의 능숙한 사용, 참혹성의 사실적 묘사, 실물 파괴, 욕설 등은 코미디 맥락과 무관하게 지적되어야 할 사항이다. 하지만 그러한 사항들이 관습적인 방식에서 벗어나 변형 과정을 겪었다면 거기에 대해서는 코미디의 특수한 표현 양식들과 관련한 신중한 평가가 이루어져야 한다.

넷째, 코미디와 폭력의 결합과 관련하여 그로테스크 효과에 대해 고려할 만하다. 코미디와 폭력이라는 관습적으로 상충된 것으로 여겨지는 두 요소의 접합이 코미디를 중심으로 하여 변형되지 않을 경우 그 중심은 폭력성 쪽에 놓이게 됨으로써 다른 장르의 폭력적 표현에 비해 더 강한 충격을 줄 수 있다. 상충 요소의 비틀지 않은 접합은 그로테스크 효과를 발휘할 수 있다. 그러므로 코미디는 기본적으로 현실이 생경하게 노출되느냐, 아니면 다른 모습으로 변형되느냐의 구분에 의해 평가되어야 한다.

다섯째, 그렇다면 코미디가 폭력에 중심을 빼앗기지 않으면서 그 본질에 해당하는 공격성을 성취하려면 어떤 요건들이 제공되어야 하는가. 그 가장 기본적인 요건은 소재 영역의 무제한 허용이다. 즉, 다른 말로 하면 코미디로 하여금 무한정, 어느 대상에 대해서나 공격할 수 있게 해야 한다. 정치 권력 집단에서부터 각종 사회 집단, 어린이에 이르기까지 그리고 성적인 농담에서 이념적인 비판에 이르기까지 모든 영역이 개방되어야 한다. 그러한 허용이 이루어지고 나서야 비로소 표현 방식과 수준에 대한 책임을 물을 수 있다. 그러한 근본적인 제한이 상존하는 가운데 코미디의 표피적인 표현과 말초적인 차원의 호소를 문제 삼는 것은 코미디의 존재 자체를 인정하지 않는 것과 다름없을 것이기 때문이다.

　　그리고 난 뒤에야 비로소 코미디의 공격성이 올바른 수준에서 시도되고 있는가를 평가할 수 있다. 마치 초자아가 이드 *id* 의 분출을 감시하듯이. 그러한 자유가 허용되면 코미디는 표현의 자유를 구가하되, 그로 인해 빚어질 수 있는 어떤, 대중들의 반감을 유발시킬 만한 미숙한 시도를 스스로 거부할 것이다. 그러한 일종의 시대적 검열 장치를 피해 가는 고도의 변형술을 성숙시키는 데 제작 인력들의 역량이 집중될 것이고, 그 자연스런 결과로서 코미디의 수준이 향상될 것이다.

3. 코미디의 다른 길

1) 김영희, 코미디의 옆길

몇 년 전 코미디 프로그램들의 아이디어 회의를 관찰한 적이 있다. 연출자들의 개성만큼이나 저마다 특징적인 회의 장면들을 볼 수 있었다. 그 가운데 <웃으면 복이 와요>의 경우 특히 인상적이었는데, 조금 떨어진 곳에서 바라보았기에 그 구체적인 대화 내용을 알지는 못하지만 다수의 출연진과 작가들이 함께 둘러앉아 와자하니 웃는 분위기 속에서 회의가 이루어졌다. 그 와자지껄함의 한가운데 있던 이가 바로 요즘 <!느낌표>(2001~현재)라는 독특한 프로그램을 연출하고 있는 김영희 프로듀서이다.

정통 코미디 프로그램인 <웃으면 복이 와요>에 뒤이어 맡은 것이 당시 MBC 오락 프로그램의 핵심 <일요일 일요일 밤에>였는데, 이 때부터 김영희 프로듀서는 코미디라는 고속도로의 나들목을 나서기 시작한다. 무슨 말이냐 하면 그 전까지 일반화되어 오던 오락 프로그램의 개념이 김영희 프로듀서에 의해서 전혀 새로운 국면으로 접어들었다는 뜻이다.

그는 텔레비전의 대표적인 오락 프로그램에서 승용차 운전자들이 교통 법규를 얼마나 잘 지키는가를 보여 주기 시작했는데, 모르는 사람이 이 소리를 들으면 아마도 교양 프로그램 그 가운데에서도 특히 심각한 사회 고발 프로그램이 아니었느냐고 반문할 것이다. 하지만 우리 운전자들이 정지선을 얼마나 지키지 않는가를 줄기차게 보여 주던 그 장면이 당시 시청자들을 얼마나 큰 웃음의 도가니 속에 몰아 넣었던가를 떠올리면, 김영희 프로듀서가 찾아낸 것이 고정관념 너머에 있는 즐거움의 보고였음을 알게 된다.

코미디의 전혀 다른 길을 실험한 프로그램인 <!느낌표>의 대표 코너 "책책책, 책을 읽읍시다"(MBC, 2002)의 한장면.

그는 양심 냉장고를 들고 전국을 돌며 교통법규 준수 현황을 시청자들에게 보여 주었고, 다시 미성년자 출입이나 판매 금지를 잘 지키는 양심 가게 순례로 그 흐름을 이어갔다. 마치 국민 계도 캠페인과 같은 일을 그는 오락 프로그램의 틀을 가지고 절묘하게 수행했던 것이다. 그 뒤 <칭찬합시다>(MBC, 1998~2001), <전파 견문록> (MBC, 2000~현재) 등으로 그러한 기조는 더 심화되었고, 잠시 휴식기를 가진 뒤 최근 <!느낌표>라는 프로그램을 통해서 그러한 캠페인 성격을 더욱 두드러지게 보여 주고 있다. '책을 읽읍시다'라는 독서 캠페인이고, 도심의 야생 동물을 관찰하면서 환경 캠페인도 하고, 길거리 특강에서는 인생관 교육이 이루어지며, 특히 "아침밥을 먹읍시다"는 단순 교육 환경이나 여건에 대한 주의 환기를 넘어서서 교육 체제 바로잡기 캠페인의 성격까지 띠고 있다.

김영희 프로듀서의 이런 일련의 프로그램 기획과 제작은 여러 가지 의미를 던져 주는데 그 가운데 딱 두 가지만 언급하자면 이렇다. 첫째, 오락 프로그램의 카메라 렌즈의 방향을 정반대 쪽으로 돌려 놓았다. 그는 지금까지 관찰자였던 시청자 자신 쪽으로 카메라를 들이댄 것이다. 그에 따라 시청자들은 자화상을 보면서 한 편으로는 배꼽을 잡는 폭소탄을 터뜨리고 다른 한 편으로는 삶에 대한 반성의 계기를 갖는다.

둘째, 김영희 프로듀서의 이런 작업에 대해 캠페인에 오락 형식을 도입한 것인지, 아니면 오락의 소재로 캠페인 성격의 일들을 활용하는 것인지에 대한 평가가 엇갈릴 수 있는데, 그게 어느 쪽이든 캠페인과 오락 프로그램의 약점과 한계를 동시에 넘어서고 있음은 분명하다. 그의 캠페인에서 우리는 정치적 저의에서 자유로울 수 있고, 오락에서 우리는 정서를 고갈시키는 자극에서 놓여날 수 있기 때문이다.

2) 장진, 관조와 공격하지 않는 유머

장진 감독이 영화를 통해 보여 주는 코미디를 그 수용 태도의 특성을 통해 한 마디로 규정하자면 '낄낄대는' 유머라 할 수 있을 것이다. 화자와 청자가 감정적으로 깊이 연루되어 있을 때 나눌 수 있는 웃음을 낄낄댐이라고 표현하는 게 허락된다면 말이다. 장진 스스로는 자신의 작업을 '수다'로 표현하는데, 수다야말로 살면서 겪고 느낀 일들이 몸 속에 녹아들었다가, 들어 줄 상대가 나타나면 바로 표출되는 것 아닌가. 따라서 수다는 삶을 대상화하는 행위이고 이는 많건 적건 간에 삶에 대한 관조觀照적인 태도에서 비롯된다.

그런데 같은 수다를 떨어도 남들보다 더 재미있게 말하는 사람이 있다. 당연히 구변이 좋아서 그러한 것인데, 그 구변은 표현력의 마지막 단계에 해당하는 요소일 뿐 더 근원적으로는 삶에 대한 관조의 시선이 남들보다 깊고, 삶의 결을 읽어내는 감수성이 민감한 데에서 그 요인을 찾을 수 있을 것이다. 삶에 대한 관조적 태도와 감수성, 이 둘이 장진 코미디의 출발점이고 힘이다. 그래서 그의 영화들에서는 커다란 기본 설정보다 그 안을 채우는 자잘한 대화(이른바 수다)들이 훨씬 빛난다.

장진의 대중적 출세작 〈간첩 리철진〉의 한 장면을 보자. 고정 간첩의 딸인 여대생 화이는 어느 날 자기 집에 와 있는 리철진과 잠시 대화를 나누게 된다. 어색한 대화가 몇 차례 오고 간 뒤, 그녀는 리철진에게 묻는다. 많은 감정과 전제들이 뒤엉킨 질문이다. 간첩인 것을 짐짓 모른 척 해 주는 마음 씀씀이, 젊은 여성으로서 자신의 외모를 바라볼 타자의 시선에 대한 욕망, 북한이라는 금지된 공간에 대한 궁금증과 그 억제 등이 복잡하게 얽혀 나타낸 반응은 "남남북녀라는데…… 그 쪽 여자들은…… 얼마나 예쁜가요?"라는 아주 예쁜 대사였다. 그 순간 간첩의 정체를 모른 척 해 주기로 한 그리고 그 모른 척 해 주기로 한 것이 철칙이리라고 예단했던 관객과 리철진의 기대는 창졸간에 깨져 버린다.

장진이 보여 주는 삶의 유머는 다니엘 J. 부어스틴 Daniel J. Boorstin 이 인간 희극의 예로 들고, 피에르 파올로 파졸리니 Pier Paolo Pasolini 는 영화로 보여 준 초서의 ≪캔터베리 이야기 The Canterbury Tales≫나 보카치오의 ≪데카메론 Decameron≫에서처럼 모략과 골탕먹이기에서 추동력을 얻고 있지 않다. 약자들이 약은 계략을 꾸며 강자들을 골탕 먹이고 보복하는 이런 구도가 코미디의 본질과 큰 흐름을 이루어 왔다면, 장진의 코미디들은 그와 분명하게 구별되는, 하지만 눈에 잘 드러나지 않던 코미디의 또 다른 가능성과 흐름을 보여 준다. 그것을 한 마디로 요약하자면 놀랍게도 '공격하지 않는 유머'가 된다. 장진의 코미디도 분명 약자들의 정서에 기반하지만, 강자를 공격하지 않는다.

그런데 이 '공격하지 않는 유머'는 지금까지의 코미디관, 풍자와 의미를 중심에 둔 관점에서 볼 때, 빗나간 코미디, 실패한 코미디, 더 나가 코미디의 가장 부정적인 모습 가운데 하나로 비쳐질 수 있다. 즉, 피억압 현실을 인식하지 않으려는 도피주의, 그러한 현실에 순응하는 패배주의 정서로 말이다.

장진의 경우는 어떤가? <묻지마 패밀리>의 세 번째 에피소드인 "교회 누나"를 보자. 앞 부분은 꼭 <베스트 극장> 풍으로 진행된다. 청소년 시절 교회에서 알고 지내던 남녀. 군에서 휴가를 나와 귀대를 앞둔 마지막 날, 그 사이 시집을 가버린 교회 누나와 만나, 서로 하고 싶은 말은 정작 하지 못한 채 둘에게 주어진 시간만 흘러가는, 겉으로는 평온하나 속으로는 안타까운 상황이다. 급기야 서로에게 소리가 들리지 않는 기차 안과 밖 상황에 기대어 둘은 그 동안 억눌러 두었던 사랑의 감정을 폭발적으로 고백하는데, 멜로 드라마 장르라면 그 뒤 둘은 쓸쓸히 각자의 길을 갔을 것이다. 그런데 이 영화는 마지막 시퀀스에서의 대 반전을 통해 자신의 장르가 코미디임을 확인시켜 준다. 그 둘이 서로의 속마음을 드러내 보여 주면서 짐짓 모른 척 해줄 수 있는 장치로 삼았던 그 기차는 운행하지 않는 것이었고, 둘은 다시 기차역사에서 마주 서야 했다. 둘 사이의 안전판 노릇을 하던 방음벽이 사라진 것이다. 이제 감정 처리를 어떻게 하지? 순간 허공에 떠버린 듯한 당혹감과 무안함은 등장 인물뿐만 아니라 온전히 관객들의 것이기도 하다. 뜨겁게 끓어 오른 열정과 차가운 규범 사이의 극단적인 온도 차이. 이 에피소드는 살면서 가끔 겪는 어떤 순간들을 대변하는데, 그 수준을 조금 더 강조함으로

<묻지마 패밀리>(2002)의 한 장면.

써 두고두고 웃음을 불러일으키고, 각자의 삶에 애틋함을 더하게 해 준다. 아무도 공격하지 않았으나, 그렇다고 도피주의나 패배주의에 빠진 것도 아니다.

이처럼 장진의 코미디는 아무에게도 위협이 되지 않는 즐거움 곧, '공격하지 않는 코미디'의 장을 눈 앞에 펼쳐 보여 준다. 그 코미디를 보고 참으로 속 깊은 곳에서 천천히, 아주 천천히 하지만 매우 강렬하게 온 몸을 긁고 나오는 즐거움, 그러면서 오래 아주 오랫동안 내 몸에 머무는 쾌감을 느낀다.

<묻지마 패밀리>의 두 번째 이야기인 "내 나이키"를 통해서 우리는 '공격하지 않는 코미디'가 보여 줄 수 있는 것이 현실 순응이나 도피가 아니라 약자의 생명력임을 알게 된다. 그 생명력이 현실에서 이루어내는 것은? 바로 창조적 전환이다. "내 나이키"에서는 약자들의 생명력이 이루어내는 창조적 전환의 상징이 될 만한 뛰어난 에피소드를 보여준다. 1980년대 초 처음 등장한 브랜드 운동화인 나이키를 사는 게 꿈인 중학생 명진은 어려운 가정 형편에 한 푼 두

푼 돈을 모으지만 불량 고등학생에게 다 빼앗긴다. 아, 불행! 반에서 1등만 하는 녀석은 부잣집 자식이라서 나이키 운동화를 으스대고 신고 다닌다. 이 영화가 드라마라면 '엄마 없는 하늘 아래' 식의 신파적 현실 순응으로 갔을 것이고, 코미디라면 나이키 운동화를 뻐기는 부잣집 자식을 골려 주는 쪽으로 갔을 것이다. 그런데 "내 나이키"는 전혀 예상치 못한 방식으로 상황을 전환시킨다. 명진은 운동화 통에 인쇄된 나이키 상표를 오려내어, 그것을 틀로 삼아 자기의 흰색 운동화에 물감으로 칠한다. 공책, 필통, 할머니 고무신과 스웨터 할 것 없이 집 안의 모든 물건들에 나이키 상표가 붙는다. 그리고 반 아이들이 모두 나이키 상표가 그려진 명진의 학용품에 환호하고 마침내 궁금증을 못 이긴 그 부잣집 1등 녀석까지 끌어들인다.

억압의 긴장 속에서 위장된 받아치기를 통해 쾌감(깨소금 맛)을 느끼게 해 주는 것이 풍자 코미디라면, "내 나이키"의 마지막 시퀀스를 상징으로 삼아 추론할 때 또 다른 코미디의 방향이 가능하지 않을까 생각된다. 결핍된 상황을 창조적으로 전환시켜 내는 에피소드, 그 순간 풍요로운 정서적 체험을 하게 되고, 그 체험에서 우러나는 즐거움을 만끽하게 하는 코미디 말이다.

이렇게 장진의 코미디는 우리에게 자기 삶의 고귀함, 자신의 전능함(사치스럽지 못할 뿐 강자가 하는 것 가운데 약자가 못할 것이 없다는 뜻에서의) 그리고 우리의 선량함을 확인하게 해준다. 그래서 나는 장진의 코미디들을 보면 사단四端에 해당하는 인간 본성들이 읽힌다. 가엾이 여기는 마음(惻隱之心), 부끄러움을 아는 마음(羞惡之心), 남에게 양보할 줄 아는 마음(辭讓之心), 옳고 그름을 가릴 줄 아는 마음(是非之心). 이는 인간의 본성을 선하게 보는 맹자의 성선설이 아닌가! 성선설에 입각한 코미디, 너무 나갔나?

장진의 코미디 영화들을 보면서 텔레비전 코미디를 돌아보게 된다. 텔레비전 코미디와 오락은 어떤가? 강자를 풍자하기보다 약자들 서로를 학대하고, 스스로를 비하하고 있지는 않은가? 삶에 대한 관조 없이 순간을 모면하는 영악함을 코미디 능력으로 착각하고 있지는 않은가? 그래서 삶 자체를 모욕하고 있지는 않은가? 오락 프로그램 이라는 이름을 걸고 그러한 작태들로만 잔치를 벌이고 있지는 않은 가? 만약 그렇다 해도 그것이 텔레비전 코미디(오락)의 태생적 본질 이라서 어쩔 수 없다고 체념하고 있지는 않은가?

5

방송 문화, 품위, 정체성:

TV 오락 프로그램을 중심으로

한국 텔레비전 오락 프로그램들은 엄밀히 따지자면 코미디가 현실에 적응하느라 변신한 결과물이라고 할 수 있다. 텔레비전 코미디에 대한 평론을 마무리하면서 좀더 폭을 넓혀 오락 프로그램 전반이 겪어온 부정적인 평가 경향을 극복하기 위해 이론은 어떤 기여를 할 수 있을까를 생각해 보았다. 한 사례로서 개념 정립을 위한 인식 작업을 시도해 보았다. 코미디와 오락 프로그램들은 늘 품위 없음, 정체성 상실이라는 부정적인 쪽으로만 얘기되어 왔는데, 도대체 품위와 정체성이 뭐란 말인가? 이제 적극적으로 개념을 이해할 때가 되었다.

1. 논의의 출발

정체성과 품위는 그것이 없을 때 비로소 인식되는 범주라는 점에서
공통점이 있다. 정체성의 혼란이 감지될 때 '정체성이란 무엇인가'라
는 탐구가 시작되듯이, 품위도 그것이 결여되었을 때 '갖춰야 할 품
위가 무엇이냐'에 대한 관심이 일어난다. 한국 방송의 품위와 정체성
을 분석하는 연구와 논의들이 이루어지는 동기도 마찬가지라고 본다.
방송의 품위가 논의의 주제가 되는 때는 대체로 품위를 결여한 프로
그램 사례들에 대한 비판이 그 주된 내용이고, 방송의 정체성과 관
련해서도 마찬가지로 아직 뚜렷한 한국적 정체성을 정립하지 못한
데 대한 문제 제기의 성격을 띤다.

　　물론 한국 텔레비전 방송이 얼마나 품위가 낮고, 얼마나 정체성의
혼란을 겪고 있는가 하는 것을 구체적으로 보여 주는 네거티브한 성
격의 분석과 비판 작업은 품위 있음이 무엇이고, 어떤 정체성을 구현

해야 하는가 하는 포지티브한 인식 작업의 출발점이 되고 그 동력을 제공한다. 하지만 뒤집어서 다시 말하면, 네거티브한 방향의 분석과 비판은 그 자체로 논의가 완결될 수 없다. 비판적인 분석이 그 의의를 가지려면 품위와 정체성에 대한 포지티브한 방향의 개념화와 이해를 통해서만 논의의 완결 구조를 정립할 수 있고, 따라서 이제는 그러한 작업과 논의의 필요성이 제기된다. 이 글은 그러한 쪽의 한 시도로서 우선 방송의 품위와 정체성 개념을 어떻게 정립할 것인가, 그리고 그 개념에서 어떤 시사점을 끌어 낼 것인가에 초점을 맞추었다.

그런데 방송의 품위와 정체성은 모두 방송 문화라는 더 큰 범주의 논의와 관련되어 있다. 또 문화 그리고 방송 문화의 변화 속에서 함께 변화할 수 있는 개념이라는 점에서 새로운 논의의 장을 열어야 한다. 따라서 이 글에서는 방송 문화 개념, 방송의 품위 개념, 방송의 정체성 개념들에 대한 인식에 대해 살펴 볼 것이다. 그리고 그러한 개념화에서 이끌어 낼 수 있는 함의들을 논의해 보고자 한다. 아울러 변화하는 문화와 방송 문화의 양상 속에서 방송의 품위와 정체성과 관련한 새로운 쟁점들을 제시하고자 한다.

2. 방송 문화

1) 방송 문화 논의의 스펙트럼

문화 개념이 그 뿌리를 어디에 두고 있느냐에 따라서 여러 가지 의미로 정의되듯이 방송 문화에 대한 논의들도 몇 가지 전개 양상을 보인다. 그 논의의 스펙트럼은 대략 네 가지로 구분해 볼 수 있다. 첫째, 프로그램의 텍스트의 차원, 둘째, 제작 시스템상의 차원, 셋째, 방송 이념의 차원, 넷째, 대중 삶 속의 방송이다.

(1) 프로그램 텍스트의 차원

먼저 가장 흔하게 접할 수 있는 내용은 텔레비전 프로그램과 관련한 논의이다. 프로그램의 수준과 성격, 경향들에 대해서 비판할 때, 그것을 방송 문화의 수준과 성격, 경향으로 바꿔 부르기도 한다. 이는 레이먼드 윌리엄스Raymond Williams 가 정리한 문화 개념 가운데 세 번째 정의에 해당하는 방송 문화 개념이라고 할 수 있다. 그는 문화의 세 번째 의미를 "지적·예술적 활동으로 만들어진 작품과 실천"이라고 했는데(Williams, 1983: 90), 이것을 존 스토리John Storey 는 자신의 저서에서 "구조주의자들……이 말하는 '의미화 실천 signifying practice'과 비슷"한 것이라고 설명하면서 "시, 소설, 발레, 오페라, 순수 미술" 등을 예로 든다(Storey, 1993: 2). 하나만 더 소개하자면, 크리스 젠크스Chris Jenks 는 문화 개념 논의의 네 가지 유형 가운데 세 번째 범주로서 "예술 및 지적 작업의 총체"라는 정의를 소개한다. 이는 "흔히 '문화'라는 말을 사용할 때 의미하는 바"이다(Jenks, 1993/ 1996: 26). 방송에서 따질 수 있는 지적 작업의 총체로서 유형의 생산물은 프로그램이므로 방송 문화라고 할 때 이 유형의 프로그램이 의미화 실천의 텍스트로서 분석되고 비판되는 것이다.

(2) 제작 시스템의 차원

방송 제작 시스템상의 특성을 일컬어 방송 문화라고 할 수도 있다. 이를 기존의 문화 개념과 연관 짓자면, 보통 인류학적 문화 개념이라고 하는 "어떤 시기, 어떤 집단의 사람들이 누리는 특수한 삶의 방식"(Williams, 1983: 90)에서 유추할 수 있다. 유형의 문화물들이 그 시대 사회 구성원들의 삶의 방식에 연유하듯이, 방송 텍스트의 특성은 방송 제작 시스템의 특성에서 비롯되기 마련이다. 그래서 프로그램에 대한 비판은 언제나 제작 체계에 대한 논의를 전제로 한다. 실제 제작 체계의 문제를 거론하든 거론하지 않든 말이다.

프로그램 수준이 졸렬한 이유를 졸속 제작을 강요하는 열악한 제작 여건과 연결시키고, 프로그램의 모방 또한 기획 단계를 포함한 제작 여건이 열악하다는 데 그 이유를 찾는 경우가 그러하다. 그리고 프로그램의 피상성이나 보수성에 대해서는 복잡한 것과는 논쟁을 회피하는 방송 제작 관행이나 매체적 특성과 연결시켜 논의한다. 또, 프로그램의 중도 하차 혹은 반대로 고무줄식 늘이기 등에 대해서도 편성의 무원칙이나 정치적 종속, 상업주의 시스템과 연결한다. 따라서 방송 제작 시스템상의 특성을 일컫는 방송 문화 개념 안에는 제작 여건, 제작 관행, 매체적 특성, 기획 편성의 (무)원칙 등의 요인들이 포함되어 있는 것이라고 할 수 있다.

(3) 방송 이념의 차원

방송의 지향, 방송 시각과 방송 철학 등도 역시 방송 문화의 의미로 쓰일 수 있다. 이는 젠크스가 정리한 인식 범주의 문화 개념, 또는 조안 고드스블롬 Johan Goudsblom 의 분류에 따른 '인문주의적 이상'이라고 이름 붙은 태도와 연관된다(Goudsblom, 1980 / 1988: 89~92). 즉, 문화 개념에는 완성, 성취, 목표, 열망 등이 담겨 있는 "정신의 일반적 상태"로 이해된다. 방송사에서 자임한 방송의 사회적 역할이나 각 방송사의 방송 이념, 방송 강령 등은 방송이 지향하는 이상적인 상태에 대한 방송사의 철학이 반영되어 있는 것으로서 "인식 범주로서의" 방송 문화라고 할 수 있다.

(4) 대중 삶 속의 방송

위에서 정리한 내용들이 방송 문화의 함의를 구성하는 제작 쪽 속성들의 세 단계라면, 프로그램이 대중들의 삶 가운데 들어와서 차지하는 몫이 어떠한가의 측면에서 방송 문화를 얘기할 수 있다. 텔레비전 텍스트는 시청자들로 하여금 다양한 수준의 수용 양상을 보이는데,[1] 이러한 대중들에 의한 텔레비전의 다양한 사용과 수용이라는 측면에서 볼 수 있는 방송의 사회적 기능은 방송 문화 개념을 이해하는 데에 수용 쪽 논의의 장을 구성한다.

　이처럼 제작 쪽의 논의이냐, 수용 쪽의 논의이냐의 차이 이외에도, 대중 삶 속의 방송으로서 방송 문화를 이해하는 방식에는 문화 개념의 사용과 관련해서도 큰 차이를 보인다. 앞의 세 단계의 방송 문화 개념의 스펙트럼이 문화 개념의 구성 단계를 방송 영역에 적용시켜 재해석한 것이라면, 대중 삶 속의 방송은 방송이 대중들에게 어떤 성격으로 들어와 있는가 하는 대중 문화로서의 방송에 대한 논의인 것이다.

1. 가령 이와 관련한 국내의 연구를 보면, 손병우(1994)는 텔레비전 텍스트의 소아성에 대한 시청자들의 저항성 수준을 3단계로 분석하고 있고, 김창남(1994)은 대중 문화 텍스트에 대한 하위 문화 집단들의 저항적 실천 단계를 4단계로 분석하고 있다.

2) 방송 문화에 대해 제기된 문제들

방송이 가지는 여러 가지 문제에 대한 비판들을 위에서 정리한 방송 문화 논의의 스펙트럼 위에 배치할 수 있다. 먼저 프로그램 차원에서 저속함, 퇴폐성, 말초성, 피상성, 모방의 반복, 상투적 구성 등의 담론을 동원해 이루어지는 비판들이 있었다. 다음으로 제작 시스템 차원에서는 그러한 프로그램의 저열한 수준의 원인으로 제작비와 인력, 시간 등이 부족한 데 따른 졸속 제작 여건, 시청률 경쟁에 내몰리는 방송의 상업주의적 경향 등을 지적하였다. 또한 방송의 이념 혹은 지향에 대해서는 프로그램의 임기 응변식 자의적 편성 변화에 대한 저널리즘의 비판이 있었고, 방송사와 규제 기구의 시청자 상과 관련하여 소아주의적 시청자 상 *paedocratic audience image* 에 대한 비판이 있었다.[2]

이런 것들이 모두 방송 문화에 대한 문제 제기라고 할 수 있고, 이러한 사항들이 방송의 품위나 정체성에 대한 관심과 분석 작업들이 지속적으로 이루어지는 데 중요한 원인이 되고 있다.

---

2. 프로그램, 제작 체계, 편성 등에 대한 비판은 저널리즘과 시청자 단체 모니터 보고서 등의 주종이 모두 해당한다고 할 수 있다. 한국에서 소아주의적 시청자 상에 대한 연구는 손병우(1994)를 참조하라.

3. 방송의 품위

1) 품위 없는 방송에 대한 비판

방송의 품위 또는 품격이 이슈가 되어 온 방식은 앞서 언급했듯이 방송 프로그램의 품위 상실 상황을 지적하고 비판하는 방향에서 비롯되었다. 지난 십 수년 동안 줄기차게 제기되어 온 이른바 '저질성 시비'는 품위 없는 방송에 대한 비판의 내용을 대표한다고 볼 수 있다.[3] 물론 이런 저질성 시비가 장기간 지속되는데 대하여 한 편으로는 잘못된(적절하지 않은) 관점을 가진 비평 쪽 책임을 지적하는 입장도 있고, 다른 한 편으로는 장기간 그 수준에 변화를 보이지 않은 프로그램 쪽 책임을 지적하는 입장도 있다(이 책의 1장 "동어 반복, 쟁점, 지향"을 참조).

프로그램 쪽 책임을 지적하는 입장은 시청자 단체의 모니터 보고서들과 방송 진흥원의 현안 연구 작업, 그밖에 다양한 저널리즘 지면 및 방송 평론들을 통해서 지속적이고 구체적으로 등장하고 있다. 그에 대한 반작용 및 비판 작업에 대한 반성 행위로서 최근 비평 쪽 책임을 지적하는 입장들도 발표되고 있다.

그런데 방송의 품위 상실 혹은 저하에 대한 분석과 비판이 활발한 것에 비해 방송의 품위가 무엇을 뜻하는 것인지, 그 개념 정리 작업은 놀랍게도 이루어진 적이 없는 것 같다. 네거티브한 관점의

---

3. 저질성은 학문적 개념 범주는 아니다. 익숙한 일상어를 분석과 평가어로 도입하여 사용해온 탓에 그 개념은 명석하게 정립되어 있지 않다. 따라서 많은 경우 제작진들에게는 그 용어 사용 자체가 거부감을 주기도 한다. 개념화 작업이 요구되는 용어들은 그밖에도 많다.

분석과 비판은 언제나 포지티브한 개념 정립 작업과 병행되어야 대안을 도출해 낼 수 있다. 따라서 이 글에서는 품위 개념 그리고 방송의 품위 개념에 대한 시론적인 인식 작업을 시도해 보고자 한다.

2) 품위의 정의와 품위 논의의 두 측면

우리는 '방송의 품위'라는 말을 일상적으로 쓰고 있지만 그 개념 자체는 막연하다. 대체로 이 말은 방송의 '품위 상실'을 비판하는 맥락에서 사용되기 때문에 그렇다.

그렇다면 품위는 무슨 뜻일까? 국어 사전에는 "인간이 가지는 절대적 가치로서 스스로 존경을 요구하는 특질 / 광석의 금속 함유량, 금화와 은화의 금·은 함유율"로 정의하고 있다.[4] 어떤 사물의 본질적 속성의 순도 *fineness* 와 그에 따른 가치의 등급 *grade* 구분 등을 함께 고려해 이해되는 개념인 것 같다.

이런 일반적인 뜻에서 품위 개념을 구성하는 두 가지 범주를 생각해 볼 수 있다. 즉, 특질 *character* 과 존엄성 *dignity* 이다. 어떤 특질을 가지면서 거기에 어떤 존엄성을 부여할 때 비로소 품위를 이야기한다.

이런 정의에 사회 관계라는 함의를 덧붙여 이해하자면 상호 존중의 기반으로서의 보편적 원리(존엄성의 측면)와 존재의 본질적 목적(특질의 측면), 이 두 가지 범주가 결합된 것으로 볼 수 있지 않을까 생각한다. 보편적 원리를 어기지 않으면서 그 존재의 본질적 목적을 달성할 때 품격 또는 품위가 있다고 말할 수 있다. 목적을 달성하기

---

4. 이 정의는 인터넷 야후 국어사전; 《새국어사전》, 교학사, 1995; 이희승 편, 《국어대사전》, 민중서관, 1963; 《뉴 월드 한영대사전》, 시사영어사, 1990 등을 참고하였다.

위해서 보편적 원리를 어기는 경우, 이는 존엄성 요인을 결여하고 있다고 할 수 있다. 또, 보편적 원리를 지키느라고 아무런 성취를 이룩하지 못하는 경우, 이는 본질적 목적을 결여한 것이다. 따라서 이두 경우 모두 품위를 갖추었다고 볼 수 없다. 이런 상태를 일컬어 품위의 손상 또는 품위의 결여라고 부른다.

즉, 품위의 요건으로서 보편적 원리와 본연의 목적 이 두 범주는 선택 사항이 아니라 함께 추구해야 하는 (품위의) 두 측면으로 봐야 할 것이다. 본연의 목적을 최대한 달성할 때 그것의 존엄성 가치 또한 상승하겠지만, 그 수단은 언제나 보편적 원리 다시 말해, 존엄성 가치 때문에 제어된다. 이러한 이유로 목적과 수단은 분리될 수 없다. 따라서 품위 범주 도입의 의의는 목적 달성의 최적의 수단이 무엇인가를 찾고자 하는 데에 있다 할 것이다.

3) 방송 품위의 두 측면: 방송 윤리와 프로그램 장르

방송의 품위를 유지하고, 높이기 위한 두 측면은 방송 윤리와 프로그램 장르의 성격에 있다. 방송 윤리가 방송 프로그램이 어겨선 안 되는 사회의 보편 원칙에 대하여 규정한 것으로서 방송의 품위의 존엄성의 측면에 해당한다면, 방송 프로그램의 장르와 양식이 가지는 본연의 목적과 기능은 방송 품위의 특질의 측면에 해당하는 것이라고 할 수 있다.

지금까지 방송의 품위를 방송 윤리와 관련해서만 이해해 온 감이 없지 않다. 이는 품위 개념을 부정적인 방향의 하한선에 해당하는 기준으로 보아 왔다고 할 수 있다. 하지만 아무리 윤리 기준을 준수하더라도 무능한 사람을 품위 있다고 하지 않듯이, 프로그램에는 그 고유의 지향점이 있을 것이고, 방송의 품위는 그 지향하는 바의 목적을 달성하는 데에서 부여받을 수 있는 것이다. 오락, 교양, 정보, 주의 환기, 반성, 비판, 미학성 등등 프로그램이 목적한 바를 최대한 성취할 때(순도를 높일 때) 존엄성에 해당하는 가치도 역시 올라가게 마련이다. 따라서 방송에서 요구되는 품위는 거추장스러운 쪽의 것이 아니고, 프로그램에 부여된 그리고 추구하는 본연의 것으로 인식하는 자세가 필요하다.

4) 품위와 재미

품위와 재미를 서로 갈등하는 상호 배제적인 범주로 보는 경우도 많이 있다(두 마리 토끼의 비유). 그 까닭은 품위를 위에서 언급한 거추장스럽고 의무적인 것으로 생각해 왔고, 동시에 재미에 대한 인식 또한 단편적이었기 때문이다.

그런데 재미도 단일한 성격의 것이 아니다. 프로그램의 품위는 그 프로그램의 목적(장르의 본질)과 그것을 달성할 때 구사된 수단의 '정당성'에 의해 평가된다. 또한 재미는 프로그램의 목적과 그것을 달성하기 위해 구사한 수단의 '적절성'에 의해 그(재미의) 성격이 평가되기 때문에 다르게 이해되어야 한다.

가령 연예 오락 프로그램에서 재미를 불러일으키는 수단으로 교양 프로그램에서 그 수단을 사용한다면, 그 교양 프로그램은 품위를 잃었다고 할 수 있다. 더 나아가 그 수단(교양 장르에 오락 장르의 재미 유발 수단을 사용했다고 하는)의 부적절성 때문에 프로그램 본연의 목적을 달성하지(교양을 원한 시청자의 기대를 충족시키지) 못했다면, 교양 프로그램에서 기대한 재미도 얻지 못했다고 할 수 있다. 교양 프로그램의 형식에 오락 프로그램의 수단들을 사용하는 경우, 때에 따라서는 전혀 다른 장르의 프로그램이 될 수도 있다.

　품위와 재미는 동시에 잡기 어려운 두 마리 토끼인가? 방금 논의한 것처럼 교양 프로그램의 품위와 오락 프로그램의 재미를 동시에 잡기는 무척 어려운 일일 수 있다. 하지만 동일한 장르에서 구현하고자 하는 품위와 재미는 두 마리가 아닌 한 마리의 토끼이다.

　이는 교양 프로그램뿐만 아니라 오락 프로그램에도 해당된다. 오락 프로그램에서 교양 프로그램의 수단을 사용하고자 할 때, 그것은 품위 있는 오락 프로그램이 되기보다는 정체불명의 어설픈 제스처로밖에 보이지 않기 십상이다. 오락 프로그램에서도 그것이 지향하는 품위는 오락성의 성취에서 우러나는 것이고, 따라서 이 경우에도 잡아야 하는 토끼는 한 마리인 셈이다. 교양 프로그램의 품위와 오락 프로그램의 재미를 동시에 잡기는 무척 어려운 일일 수 있다. 또, 그 두 마리 토끼를 한꺼번에 잡아야 하는 당위도 없다.

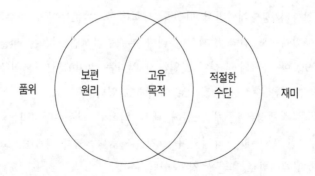

　품위와 재미는 프로그램이 지향하는 고유 목적을 중심으로 동일한 연결선 위에 있다는 인식을 한다면, 그 둘은 서로 배제하거나, 따로따로 성취되어야 하는 것으로 보는 기존 관점의 잘못을 넘어 설 수 있을 것이다.

4. 방송의 정체성

1) 정체성의 이해

정체성이란 그것을 다른 것과 구별할 수 있게 해 주는, 그래서 그것을 그것이라 지칭하게 해 주는 본질적인 특성을 일컫는데, 최근 사회과학 영역에서 정체성이 활발하게 논의되는 것은 아이러니컬하게도 정체성의 위기이다. 즉, 본질적인 것에 대한 의문과 부정으로 정체성에 관심을 갖는 것이다. 본질적인 것으로서의 정체성은 없다는 논의를 하기 위해서 정체성이 무엇인가를 자꾸 얘기하게 되는 것이다.

민족 정체성은 외세의 공격에 대한 방어적인 믿음으로서 확인하게 되는데, 이 때 눈에 보이는 지역, 언어, 전승된 유형의 문화물, 기억 등에 의존한다. 하지만 국가 간의 인구 이동이 빈번해지고, (대중) 문화 교류가 광범해지면서 다인종 사회는 물론이고 단일 민족에 기반한 사회에서도 민족 정체성에 대한 본질주의적인 믿음은 흔들리고 있다. 또, 한 사회의 구성이 단일하지 않다는 차원에서도 본질주의적 정체성 개념은 부적절한 것으로 여겨지고 있다.

계급 정체성은 존재 조건에 대한 의식의 피구속성이라는 지식사회학적인 관점에서 규정되어 왔지만(노동자 계급의 세계관), 노동자 계급의 체제내화로 혼란을 겪고 있다.

이론적으로는 자아 정체성과 관련하여 정신분석 메커니즘에 따른 주체 구성의 관점(자크 라캉)에서, 문화 정체성과 관련해서는 사회적 힘의 작용으로서 담론 실천의 관점(미셸 푸코)에서, 본질주의적이고 정태적인 정체성 개념의 해체가 논의되고 있다. 주체 구성과 담론 실천은 현 단계 정체성 논의의 주된 두 흐름을 이루고 있고, 이

두 흐름의 이론적 접합이 과제로 제시되고 있다.5

정체성은 다중적으로 구성되고, 동태적으로 파악되어야 한다. 이때 던지는 명제들은 이렇게 표현될 수 있다. 정체성은 (역사, 언어, 문화 자원의 사용과 관련하여) '되어 있는 것이라기보다는 되어 가는 것'이다. 이는 '우리가 누구이고, 어디에서 왔는가보다 우리는 무엇이 되어가고 있는가'를 묻는 것이고,6 이 때 우리의 자기 표상이 관련될 수 있다고 본다. 우리는 우리를 어떻게 표상하고 있는가? 또, 그 표상은 어떻게 만들어지고 있는가?

2) 방송의 정체성

방송의 정체성은 세 가지로 구분해서 볼 수 있을 것이다.

첫째, 매체의 특성에서 비롯되는 기능이다. 즉, 방송은 본래 이런 것이고 따라서 이런 기능을 한다는 의미의 정체성을 말한다. 방송은 광역성을 띠기 때문에 방송에 등장하는 상징은 보편화하게 되고, 따라서 방송은 사회 구성원들에게 공통의 인식 기반을 제공하여 사회 통합의 매개가 된다. 또, 방송은 즉각성도 갖기 때문에 국민 동원의 효율적 도구가 된다. 방송은 오락성과 매혹성을 갖고 있어서 시청자들의 반려자이자 친구 노릇을 해 준다는 등등이다.

둘째, 방송이 지향하는 바, 추구하는 가치와 그에 따르는 기능이다. 즉, 방송은 무엇이 되어야 하는가 하는 차원에서의 정체성을 말한다. 사회의 신뢰 기반을 마련하고, 문화 창달의 주역이 되어야 하

---

5. 정체성 문제를 다루고 있는 연구는 무척 많은데, 특히 이론적 과제와 관련해서는 Hall & Gay (1996)와 여기에 실린 스튜어트 홀의 서문을 참고하라.
6. 위의 책에서 스튜어트 홀도 비슷한 논의를 하고 있다.

며, 국민을 올바른 방향으로 계도하고, 국민과 즐거움을 함께 하는 역할을 담당해야 한다는 등등이다. 방송 가치의 선언이자, 방송의 선언적 가치이기도 하다(방송 이념과 강령).

셋째, 실재하는 방송의 모습, 현재 만들어가고 있는 정체성을 말한다. '방송이라는 게 결국 이런 거 아니냐'고 하는 제작진 쪽의 입장과 '정녕 방송은 이렇게 되어 가는 것인가'하는 비평 쪽 입장 사이에서 방송 제작 주체들의 자의식을 지향해서 제기하고자 하는 논점이다. 여기에 대해서는 다음의 한국 방송의 정체성에 대한 두 번째 질문에서 논의하기로 한다.

3) 한국 방송의 정체성에 대한 첫 번째 질문

"한국 방송의 정체성은 무엇인가?" 하고 물을 때 이 질문은 무엇을 묻고 있는 것일까? 이 물음은 방송 강령들에 나와 있듯이 '민족 고유의 문화와 예술을 계승, 발전시키는 데 이바지해야 하는 방송의 사명'과 관련된 것인가?

먼저 직접적으로는 그렇지 않다고 할 수 있다. 국악 프로그램, 역사 다큐멘터리, 전통 예술, 한국의 자연을 다루는 개별 프로그램들의 총합에 한국 방송의 정체성이 들어 있다고 보는 사람은 없기 때문이다.

하지만 몇 단계의 논리적 연결 고리를 거쳐 간접적으로는 그럴 수 있다. 다른 나라의 방송과 구분되는 한국 방송의 특질이 무엇인지를 규명하고자 할 때, 한국적인 것이 무엇인가에 대한, 더 근원적인 문제로 돌아가서 정체성을 찾을 수 있기 때문이다. 구체적으로 눈 앞에 드러나는 한국의 자연, 역사, 예술 등에 한국적인 그 무엇이 담겨 있다. 우리가 거기에서 눈에 보이지 않는 한국적 정체성을 물려 받았고, 간직하고, 이어가야 할 그 무엇을 찾아야 한다고 하는 태도는 사실 가장 일반적인 정체성 개념과 연관되기 때문이다.

'방송의 문화 창달 기능'이라는 또 다른 표현을 끌어들이면 이 입장을 더 명료하게 인식할 수 있다. 즉, 방송은 그 사회의 문화를 창달하는 주역이기 때문에 마찬가지로 한국적 정체성 형성에 중요한 몫을 담당하고 있고, 방송이 한국적 정체성 형성 기능을 올바로 하려면 역으로 한국 방송은 한국적 정체성에 기반 해야 한다는 논리적 연결 고리를 갖고 있다. 가령 한국 사람으로 키우는 어린이 프로그램이 되어야 한다는 주장에서 이런 입장을 엿볼 수 있다.

또, 일본 방송 모방의 문제점을 비판할 때 이런 입장을 취할 수 있다. 한국 방송이 일본 방송을 모방하게 되면 그것은 당연히 우리가 누구였던가를 훼손시키게 되고 곧, 한국적 정체성 상실의 주요 역할을 방송이 맡아 하는 게 된다. 방송이 한국 사회와 문화에 어떤 영향을 미치는가 하는 더 일반적인 주제로 쉽게 이해될 수 있다. 이를 달리 표현하면 한국 방송은 한국을 어떻게 표상하는가 즉, 한국적 정체성 형성에 방송은 어떤 몫을 맡고 있는가하는 질문이 될 것이고, 이 점이 한국 방송의 정체성을 논의하는 첫 번째 측면이 될 수 있다. 문화 구성체 내에서 방송은 표상의 생산자, 담론의 생산자로 존재하기 때문이다.

4) 한국 방송의 정체성에 대한 두 번째 질문

한국 방송의 정체성과 관련하여 두 번째로 "한국 방송은 자신을 어떻게 만들어가고 있는가?" 하는 질문을 던질 수 있다. 이는 방송의 자기 표상, 자기 정체성 구성에 대한 물음이다.

방송이 비평의 대상이 될 때 그 양태가 부분적으로 조명되어 왔다. 그 비평 담론들은 이제 우리에게 무척 익숙하다. 그래서 떠오르는 대로만 나열해 봐도 그 목록은 짧지 않을 것 같다. 권력의 시녀, 땡전 뉴스, 냄비 근성, 편파 보도, 경마식 보도, 선정성, 폭력성, 말초적, 피상적, 저질, 스타 모셔오기, 엎어지고 자빠지기, 고무줄 편성, 도중 하차, 외압, (여성, 어린이, 일반인의) 상품화, 시청률 경쟁…… 물론 그 반대편에 서는 담론들도 있다. 방송 민주화, 민실위, 공방협…… 이런 것들이 뒤섞여 있는 것이 지금까지 한국 방송이 만들어 온 자기 정체성이라고 할 수 있다.

일본 방송 모방과 관련하여 두 번째 질문을 받아 보자. "일본 방송 모방은 한국 방송의 정체성을 상실케 하는가?"

정태적 정체성 개념과 관련해서라면 그 대답은 당연히 '그렇다'인데, 정체성의 다중적 구성, 동태적 파악, 현실적 인식의 차원에서 보자면 그 대답은 정반대가 될 수 있다. 즉, '일본 방송 모방은 한국 방송의 정체성을 상실케하는 게 아니라 오히려 한국 방송의 정체성을 구성하는 주요한 특질 가운데 하나'라고 해야 할 것이다. 물론 이 진술에 대해 일본 방송 모방을 부정적으로 보지 말고 긍정적으로 보아야 한다는 뜻으로 읽는다면 그것은 오독이다. 정태적 정체성의 관점에서 볼 때 일본 방송 모방은 한국 방송의 정체성을 상실케 하는 것이지만, 일본 방송 모방이 만연한 상황을 지적해 온 그간의 연구 보고서들과 신문 기사들이 모두 사실이라면 모방으로 인해 한국 방송의 한 형성 요소로 작용한 일본 방송의 특질들이 현실적으로 한국 방송의 정체 형성에 작용해 왔음을 깨달아야 한다는 뜻이다.

따라서 이 두 번째 질문은 프로그램 제작 주체들의 자의식을 지향해서 제기되어야 하고, 그러한 한국 방송의 정체성에 대한 평가 또한 제작 주체들의 자의식에서 출발해야 한다고 본다.

214

5. 품위와 정체성 너머의 것

지금까지 분석과 비판에 비해 소홀해 온 개념 자체의 정립을 위한 시론적 논의를 했다. 품위와 정체성 이외에도 정리되어야 하는 개념들이 많이 있어서 그에 대한 연구와 논의가 지속적으로 이루어져야 하겠지만, 아울러서 방송 프로그램의 성격과 사회 전반의 문화 지평의 급격한 변화에 따라 방송 문화와 관련하여서도 새롭게 등장하는 논점들 또한 과제로 제기되고 있다.

보편적 원리와 본연의 목적으로 구성한 품위 개념 역시 과거의 연장선 위에 있는 현재 상태에 기반한 것으로서 새로 변화하는 상황을 고려한다면 이에 대한 인식 또한 바뀔 수밖에 없다. 기존의 장르 특성에 입각한 품위 개념으로는 새로운 것을 시도하는 실험적인 프로그램을 포괄하지 못한다. 이미 기존의 장르 개념으로 포괄되지 않는 이른바 혼성 장르는 이제 드물지 않다. 더 나아가 장르 해체에 대한 질문도 제기될 수 있다. 예를 들어, 현실과 현실성 개념에 기반한 다큐멘터리 장르의 경우 현대성을 대표한다고 할 수 있다. 그렇다면 사회 전반의 포스트모던화 경향이 심화될 때 기존의 다큐멘터리 장르의 양식은 어떤 변화를 보여야 할까?

어려운 예는 오락 프로그램 영역에서도 찾을 수 있다. 사생활보호는 언론 윤리의 기본 항목을 구성하고 있는데, 최근 확산되고있는 관찰 카메라 프로그램들의 경우 새로운 문제를 제기한다. 몰래카메라가 관찰 대상이 관찰되고 있음을 몰랐다면, 관찰 카메라의 경우 관찰 대상이 되는 사람들은 자신의 일상 생활의 일거수 일투족이모두 공개되는 것에 동의하고 있고, 더 근본적으로 그들은 자신의사생활이 카메라 앞에 노출되는 데에서 자기 삶의 의미를 구하는 것일 수 있다. <빅 브라더 쇼>와 같은 형태가 아직 한국에 상륙하지는 않았지만 그 아류들은 이미 널리 퍼져 있다. 사적 영역을 절대시하는 기존의 가치관에 의하면 이런 프로그램들은 품위 없는 시도로 평가되겠지만, 사적 영역을 공개함으로써 자신의 주체가 구성되는 인간형에 대해서는 그러한 기존의 관점을 적용하기가 어렵다. 이런 인간형을 포스트모던 주체라고 명명할 수 있을지에 대해서는 더 정치한 연구가 필요하지만, 마찬가지로 방송의 품위와 정체성 주제도 계속 움직이고 있음을 더불어 인식해야 할 것이다.

참고 문헌

강원룡 (1988). "발간사," <방송 조사 연구 보고서> 제18집, 방송위원회.

김승수 (1991). "좌담: 우리 나라의 방송 현실과 비평 활동," 김창남 외, ≪TV를 읽읍시다≫. 서울: 한울.

김창남 (1989. 6. 7). "웃을 수 없는 현실의 탈출구," <한겨레>.

───── 외 (1991). ≪TV를 읽읍시다≫. 서울: 한울.

───── (1991). "좌담: 우리 나라의 방송 현실과 비평 활동," 김창남 외, ≪TV를 읽읍시다≫. 서울: 한울.

───── (1991). "오락 프로그램에 관하여," 김창남 외, ≪TV를 읽읍시다≫. 서울: 한울.

───── (1994). <하위 문화 집단의 대중 문화 실천에 대한 일 연구>, 서울대학교 대학원 신문학과 박사 학위 논문.

김학수·김영석 (1988). "방송 코미디의 현상 진단과 발전 방향에 관한 연구," <방송 조사 연구 보고서> 제18집, 방송위원회.

김해식 (1985). <자본주의 사회에 있어서 대중 문화가 갖는 기능과 의미>, 서울대학교 대학원 사회학과 석사 학위 논문.

고희일 (1991). "좌담: 우리 나라의 방송 현실과 비평 활동," 김창남 외, ≪TV를 읽읍시다≫. 서울: 한울.

방송위원회 (1993). <'93 방송인 세미나 종합 보고서 ─ 좋은 방송을 위한 방송인과 시청자의 역할>.

───── (1993). <방송심의사례집>.

—— (1995a). <방송심의사례집>.

—— (1995b). <방송문화 지표조사 보고서 Ⅱ>.

—— (1995c). <방송문화 지표연구 Ⅳ>.

—— (1996. 1~9). <방송심의월보>.

—— (1996). <방송심의사례집>.

<방송과 시청자> (1991. 10). "초상권 준수야말로 공정방송의 좋은 잣대," pp.8~11.

서수민 (2000. 4. 11) "코미디 비웃지 말라," <조선일보>.

서울 YMCA 시청자시민운동본부 (1994-Ⅱ). <좋은 방송을 위한 시청자 모임 텔레비전 모니터 종합 보고서>.

—— (1995-Ⅰ). <좋은 방송을 위한 시청자 모임 텔레비전 모니터 종합 보고서>.

손병우 (1994). <텔레비전 방송 체제의 '시청자 상'과 시청자의 텍스트 반응에 관한 연구-코메디 프로그램의 즐거움 생산의 경우>, 서울대학교 대학원 신문학과 박사 학위 논문.

—— (1996). "텔레비전 코미디와 폭력성 평가의 관점: 그로테스크 효과," <방송 문화 지표 개선 방안에 관한 종합 연구>, 방송위원회.

—— · 하종원 (1996. 12. 5). "TV 오락 프로그램의 심층 분석 및 발전 방안 연구," <영상 시대의 방송 소프트웨어>, 방송문화진흥회 방송문화연구논총.

<MBC 가이드> (1990. 11). "90년대 코미디로 투런 홈런 친 실험주의자," pp.34~9.

MBC 민주언론실천위원회(민실위) (1990a. 4. 30). <모니터 보고서>.

—— (1990b. 4. 2 / 4. 13). "시청자 전화 사례," <모니터 보고서>.

오수성 (1999. 11. 25). "특집 좌담회: 무엇이 좋은 프로그램인가?," <프로그램 / 텍스트>, 한국방송진흥원.

유수열 (1989). "TV 코미디의 특성," <방송 프로그램 발전을 위한 대화의 모임 — TV 코미디 부문>, 한국방송개발원.

이연헌 (1993. 11). "방송인이 보는 시청자," <'93 방송인 세미나 종합 보고서 — 좋은 방송을 위한 방송인과 시청자의 역할>, 방송위원회.

정기도 (2000. 6. 8). "오락성은 죄가 없다," <PD연합회보>, 한국방송프로듀서연합회.

정훈 (1991. 여름). "PD는 누구를 두려워하는가?," <방송 시대>, 1호, 한국방송프로듀서 연합회

주철환 (1999. 11. 25). "특집 좌담회: 무엇이 좋은 프로그램인가?," <프로그램 / 텍스트>, 한국방송진흥원.

한국방송진흥원 (1999. 11. 25). "특집 좌담회: 무엇이 좋은 프로그램인가?" <프

로그램 / 텍스트>.
허엽 (2000a. 6. 12). "눈요기 치중, 튀어도 너무 튀네," <동아일보>.
────── (2000b. 6. 18). "프로그램 개편 대공세," <동아일보>.

Baron, R. A. & Bail, R. L. (1974). "The Aggression-Inhibiting Influence of Nonhostile Humor," *Journal of Experimental Social Psychology*, 10.

Baron, R. A. (1978). "The Influence of Hostile and Nonhostile Humor upon Physical Aggression," *Personality and Social Psychology Bulletin*, 4 (1).

Barr, C. (1967). *Laurel and Hardy*, Lodon: Studio Vista

Berger, A. A. (1988). "Humor and Behavior," in Ruben, B. D. (ed.), *Information and Behavior*, vol. 2, New Brunswick, NJ: Transaction Books.

Berkowitz, L. (1970). "Aggressive Humor as a Stimulus to Aggressive Responses," *Journal of Personality and Social Psychology*, 16 (4).

Chesebro, J. W. (1979). "Communication, Values, and Popular Television Series ─ A Four Year Assessment," Newcomb, H. (ed.), *In Television: The Critical View*, 2d ed., NY: Oxford Univ. Press.

Eaton, M. (1981). "Laughter in the Dark," *Screen* vol. 22 no. 2, pp.21~8.

Ellis, J. (1975). "Made in Ealing," *Screen* vol. 16 no. 1.

Freud, S. (1905). *Jokes and their Relation to the Unconscious*, London: The Hogarth Press.

Goudsblom, J. (1980). *Nihilism and Culture*. NY: Oxford. [천형균 옮김 (1988). ≪니힐리즘과 문화≫, 서울: 문학과지성사]

Hall, S. & Gay, P. D. (eds.) (1996). *Questions of Cultural Identity*. Lodon: Sage.

Himmelstein, H. (1994). *Television Myth and The American Mind*. London: Praeger.

Jenks, C. (1993). *Culture*. NY: Routledge. [김윤용 옮김 (1996). ≪문화란 무엇인가≫, 서울: 현대미학사]

Früchtl, J. & Zimmermann, J. (eds.) (2001). *Ästhetik der Inszenierung*, Frankfurt: Suhrkamp.

Karnick, K. B. & Jenkins, H. (eds.) (1995). *Classical Hollywood Comedy*. NY: Routledge.

Lacan, J. (1977). *Four Fundamental Concepts of Psycho-Analysis*. Harmondsworth: Penguin.

Moss, S. (1965). "The New Comedy," *Television Quarterly*, 4.

Mueller, C. & Donnerstein, E. (1977). "THe Effects of Humor-Induced Arousal upon Aggressive Behavior," *Journal of Research In Personality*, 11.

────── & ────── (1983). "Film-Induced Arousal and Aggressive Behavior," *The Journal Of Social Psychology*, 119.

National Television Violence Study: Scientific Papers (1994~5). Mediascope, Inc.

Neale, S. (1981). "Psychoanalysis and Comedy," *Screen* vol. 22 no. 2, pp.29~43.

────── & Krutnik, F. (1990). *Popular Film and Television Comedy*. London: Routledge.

Pollard, A. (1970). *Satire*. London: Methuen. [송낙헌 옮김 (1986). ≪풍자諷刺≫. 서울: 서울대학교 출판부]

Rabinowitz, P. (1992). "Voyeurism and Class Consciousness," in *Cultural Critique*, Spring.

Rowe, K. (1995). "Comedy, Melodrama and Gender: Theorizing the Genres of Laughter," in Karnick & Jenkins (eds.), *Classical Hollywood Comedy*. NY: Routledge. pp.39~59.

Rybacki, K. & Rybacki, D. (1991). *Communication Criticism ─ Approaches and Genres, Belmont*. California: Wadsworth Publishing Co.

Storey, J. (1993). *An Introductory Guide to Cultural Theory and Popular Culture*. Harvester Wheatsheaf. [박모 옮김 (1994). ≪문화 연구와 문화 이론≫, 서울: 현실문화연구; 박만준 옮김 (2002). ≪대중 문화와 문화 연구≫, 서울: 경문사]

Thompson, P. (1972). *The Grotesque*. Lodon: Methuen. [김영무 옮김 (1986). ≪그로테스크≫, 서울: 서울대학교 출판부]

Wright, E. (1984), *Psychoanalytic Criticism: Theory in Practice*. NY: Methuen. [권택영 옮김 (1989). ≪정신분석비평≫, 서울: 문예출판사, pp.184~90]

Williams, R. (1983). *Keywords*. London: Fontana.

Zillmann, D. & Bryant, J. (eds.) (1991). "Responding to Comedy," *Responding to the Screen*. Hillsdale NJ: Lawrence Erlbaum.

────── (1979). *Hostility and Aggression*. Hillsdale NJ: Lawrence Erlbaum.

세미나 / 토론회

김호석 (2000. 4. 28). "텔레비전 오락 프로그램의 공익성," '오락 프로그램의 공
영성 강화 방안' 세미나, 한국방송학회.

방송위원회 (1988. 12. 6). '방송 코미디의 현상 진단과 발전 방향에 관한 연구'
토론회.

MBC 민주언론실천위원회(민실위) – 한국사회언론연구회 토론회 (1990. 4. 30).

이근삼 (1996. 10. 7). "연예 오락 프로그램의 질적 향상 방안," '한국 방송의 코
미디와 버라이어티쇼 프로그램 진단과 그 개선책' 세미나, 한국방송학회.

전규찬 (2000. 4. 28) "오락 프로그램의 공영성 강화 방안," '오락 프로그램의 공
영성 강화를 위한 실천 과제' 세미나, 한국방송학회.

한국방송개발원 (1989. 5. 30~31). '방송프로그램 발전을 위한 대화의 모임 —
TV 코미디 부문'.

한국방송학회 (1996. 10. 7). '연예 오락 프로그램의 질적 향상 방안' 세미나.

── (2000. 4. 28). '오락 프로그램의 공영성 강화 방안' 세미나.

── (2000. 6. 30~7. 1). '텔레비전 오락 프로그램의 재조명' SBS 후원 세미나.

Pleasures Outside Satire — *Television Comedy*		
Author : Sohn, Byung-woo		
Hannarae Publishing Co.	2002	224pp
152 × 225mm	10000won	ISBN 89-5566-012-X 94330

This book approaches television comedy largely from three aspects. First, it looks at how TV comedies have been evaluated. It examines how they are evaluated by public monitoring groups, newspapers, broadcast standard councils, and the academia. The common problems and limitations of these trends are analyzed and evaluated. (Chapters 1 & 4)

Second, this book endeavors to carry out theoretical discussions and conceptual understanding of the comic genre. Attitudes that tend to degrade comedies or are unable to freely enjoy them are largely the result of misunderstanding arising from narrow-minded knowledge about the characteristics of comedy. Therefore theoretical definitions and discussions regarding the comic genre are realistically very useful. (Chapters 2 & 5)

Third, various criticisms about TV comedy have been collected in this book. There have been substantial discussions by the academia regarding general theories of comedy, but concrete criticisms about particular programs are very rare. Within the cultural phenomena and theoretical coordinates of present Korean society, this book has taken a critical look at important cases among comedy programs aired during the last 10 years. (Chapters 3 & 4)

Within these three angles of discussions, this book has searched for possibilities of establishing theories regarding comedies other than the paradigm of satire. The general tendency of TV comedies falls short of satirical standards or show characteristics that are not related to satire. Therefore, in order to carry out more accurate discussions about TV comedy, theoretical orientations need to overreach the paradigm of satires.